U0038552

我 36 歲就退休

靠被動收入達到財務自由

李紹鋒 著

三民書局

自序

疫後理財，讓投資九宮格協助您滾雪球 贏得財富與人生的複利效應

終於，能將這本書呈現在各位讀者面前了！疫情這幾年，不知道您過得好嗎？

世界的暫停鍵終於取消，世界因疫情趨緩解封的同時，似乎也重新洗牌了。各國各產業都在摸索構成新世界的秩序規則。對看懂趨勢的投資人來說，遍地是機會，對於仍然死抱著過往世界觀的人來說，新世界難免讓人畏懼不安。特別是受疫情衝擊，工作或生活遭受影響的朋友。這幾年，陸續聽到一些朋友的公司，不敵大環境而選擇結束營業。不管喜歡也好，排斥也罷，我們都要繼續往前進。

這本書在此刻推出，對我來說，是告別疫情，迎向疫後未來的象徵。

能夠順利撐過疫情、不受影響，不得不說，慶幸自己很年輕的時候就瞭解投資理財的重要性，積極的學習與實踐，在反覆實作過程中，逐漸累積出自己的一套投資組合模型。

過往靠著這套九宮格投資組合工具（請見 P.211），協助許多同學、朋友、客戶、也包含我自己為財產增值，度過疫情這一關。

在這本書中，我將從零開始，循序漸進的介紹說明，佈建個人專屬投資九宮格的方法，希望本書能夠協助讀者們，做好疫後世界投資布局，為自己與家人的未來做出最審慎而妥善的規劃。萬一有一天再有不可抗拒的風險降臨，也能靠著書中的投資組合工具安然度過，不受影響。用投資九宮格滾雪球，贏得財富與人生的複利效應。

希望大家會喜歡這一本書，也歡迎大家來參加我所舉辦的活動，一起交流、討論。

李紹鋒

2024 年 1 月

目　錄

財務規劃測驗

在開始之前，想先請各位讀者花幾分鐘時間，思考以下問題。

這些問題沒有標準答案，但可以協助您找出自己的財務規畫方向、意願、目的，以及瞭解現在所身處的位置、未來必須面對的問題，方便日後規畫出自己專屬且適用的投資理財方式。

以下問題只要針對能寫的盡量寫就好。本書接下來討論的理財相關議題，就是針對這些問題來設計。

投資理財最常犯的錯誤是，錯拿別人的成功目標當自己的目標，追求一個並不適合自己的目標；或是錯把手段當目的，把「增加資產」當成目的，忘了當初希望增加資產的原因，因而在資產累積的方向與順序出狀況，最後沒能達成自己規劃的目標不說，還反過頭來厭惡投資或造成資產萎縮！

好，讓我們開始吧！

1. 您今年幾歲（台灣目前的平均餘命（即國人平均壽命）81 歲）？

- 平均餘命減掉現在的年紀，就是您還可以用在投資理財的時間。

- 如果可以,您希望幾歲開始懂得投資理財,並付諸實行?
- 將來有孩子的話,您希望孩子能在幾歲時懂得投資理財的重要性,並且開始實行?

2. **您目前從事什麼工作?**

- 您在這一行的年資?
- 您目前的平均年薪(可以分成「本薪」和「獎金及年終」兩大類,寫出各自的數字;如果有副業收入,則副業另外羅列出金額)?
- 未來是否打算轉換跑道?如果有,最晚幾歲打算展開?會否影響目前收入?
- 未來打算工作到幾歲?
- 有無退休打算(退休採廣義,意指不再靠勞動創造主動現金流,單純靠資產或被動收入的現金流過活)?
- 若有退休打算,預估還有多長的年歲可以投入工作?
- 您目前可以透過工作的形式創造多少收入?以您目前的產業／職務收入水準,能否推估出終身總收入金額?如果可以,總計是多少?

現金流
一段期間內的收入和支出。

3. **您有無記帳習慣？**

- 若有，使用什麼記帳工具？已經持續多久？

- 您的平均年度支出為何？

- 您的固定成本支出（如：房租／房貸、飲食、交通、電信費）占比與金額為何？

- 您的房租／房貸占的薪資比例為何？

- 扣除各項支出後，您每年能夠存多少錢？儲蓄與所得之間的占比為何？

- 單靠收入減掉支出後的儲蓄，累加起來足夠您退休後的開銷嗎？如果不夠，您覺得還差多少？

4. **您去買東西時，會看價錢嗎？會比價嗎？會試著跟店家殺價嗎？會事先編列購物清單與採購預算嗎？**

- 過去一年內，有沒有什麼支出，讓您覺得物超所值？

- 過去一年內，有沒有什麼支出，現在回想起來，當初就不應該花這筆錢？

5. **不算金融資產，目前手邊的現金，足夠支撐多久不工作？**

   - 如果加計其他投資的資產，足夠支撐多久不工作？

6. **您目前有無負債？若有，債務項目與負債金額為何？請逐一羅列（如：車貸、房貸、學貸、信用貸款、保險、其他應繳但還未繳付之帳款）。每月攤還金額與薪資占比為何？總債務與總資產占比為何？**

   - 目前家中有無其他人的債務，需要您共同承擔償還？
   - 預估未來可能會有哪些新產生的債務（類型、金額、償還週期）需要您承擔與償還？

7. **您目前有無資產？若有，項目與金額為何（如：汽車、房產、股票、基金、定存、公債、保險、專利／版權權利金或其他被動收入）？**

8. **您清楚家中其他人的財務狀況嗎？**

   - 這裡指的是，您知道家人的薪資、債務、資產的狀況嗎？

資產

預期會產生報酬的工具，例如活存、定存、基金、黃金、債券、股票、汽車、房地產……。

- 您跟家人會一起討論金錢方面的問題嗎？如果會，您覺得一起討論金錢問題時，討論的氣氛如何？能夠就事論事，還是容易會有情緒與紛爭？

9. 配偶知道您的財務狀況嗎？

10. 您與父母的年齡差距分別是幾歲？

- 父母是否已經退休？若還沒退休，還有幾年才退休？
- 父母是否擁有自己的財務規畫?是否足以支應退休開銷？是否需要您支付父母退休生活開銷（或者您每年給父母的孝親費為何）？
- 您家中有無其他兄弟姐妹？若有，年齡各為何？知道其財務狀況嗎？
- 若家中長輩需要長期照護，他們有自己的長照險或財務規畫嗎？若沒有，其他兄弟姐妹可以跟您一起分攤相關的財務問題嗎？
- 您是否可能需要辭職回家，照顧年邁父母？
- 父母過世後，有無財產可以繼承？若有，金額與項目為何？會需要繳交遺產稅嗎？

11. **您覺得自己是重視當下滿足，還是重視完成未來目標的人？**

- 這裡指的是，您覺得現在花錢滿足當下的需求比較重要，還是忍耐不花錢，為了未來理想生活而儲蓄比較重要？

12. **當您跟其他人談到錢的議題時，您是個情緒波動性高，還是情緒相對穩定的人？**

13. **您目前的最高學歷為何？未來有打算再取得更高或其他學歷嗎？若有此打算，需要花多久時間？需要支付多少費用？是否會影響目前的收入與生活水準？**

14. **您的婚姻狀況是單身或已婚？**

- 若是單身未婚，未來有打算結婚或生小孩嗎？
- 若是已婚，未來有打算生小孩嗎？或者現在有幾個小孩？

15. **若您是已婚有子女，有無估算過，要撫養子女到幾歲？大概需要支付多少費用？是否已經規畫了子女的扶養費與教育經費？**

16. **覺得自己的風險承受度高或低？**

   - 購買股票時，您比較傾向長期持有，還是短線進出？
   - 購買股票時，您比較偏好小型飆股，透過買賣賺取價差；還是穩健持股，透過配息配股賺取利潤？
   - 購買基金時，您比較傾向定期定額，還是一次買足？
   - 您目前所持有的金融資產，最長及平均持有多久？

17. **您有無購買商業保險？如果有，購買哪些項目？年繳多少費用？是否已經全部繳清？保障權益為何？如果拿保單質押借款，可以借到多少錢，借款利率為何？**

18. **您目前已經持有的資產配置項目、金額、占比、獲利率、持有時間為何？**

19. **您覺得投資理財、財務規劃最重要的目的是什麼？**

20. **您有預立遺囑嗎？如果要預立遺囑，您會怎麼分配資產給身邊的人？**

第一章

投資理財之前

您是否記得，自己上一次跟人討論自己的財務狀況，是什麼時候？還是您從來不跟其他人討論自己的財務狀況，自己默默埋頭苦幹？

當您跟其他人開啟金錢話題時（如：商務報價、跟老闆談加薪、跟另一半談家庭開銷、討論購買金融商品、跟業務議價），是否會感到尷尬、不好意思、莫名的不自在或沒來由的一股氣？還是覺得很坦然自在？

說到錢，很少人不喜歡，大部分人都認為金錢當然是多多益善，越多越好，彷彿人生有錢之後，什麼問題都能解決。

金錢的確可以幫助我們解決不少「人生問題」，不過，比較少人認真思考過「跟金錢有關的問題」，並找出自己認可的答案。

如果沒先認真思考並解決內心關於金錢的問題，就算天降橫財，恐怕也難以守住。

貧窮經濟學領域的研究發現，一個人是否覺得自己有錢，最終並非取決於其所擁有的貨幣數量，而是大腦中關於金錢的認知。這就是為什麼有一些人雖然窮，日後卻能翻身致富，有一些人卻沒辦法的原因。金錢觀不一樣，對待金錢的態度與方法也不一樣。

窮人為什麼窮？

表面上看是因為他們沒錢，入不敷出、負債累累，實際上更可能是因為他們的生活型態及金錢觀念所導致，像是今朝有酒今朝醉、有錢當花趕快花、花錢滿足自己當下的需求。

最常見的像是，我每天工作已經很累，我需要花錢犒賞自己、安慰自己，讓自己能夠繼續撐下去，根本無力也無心思考明天之後的事情，更別說為了明日與將來而儲蓄。

簡單來說，沒有能力或意願規畫未來生活，並為了未來的規劃而忍耐、儲蓄必要的資金，才是造成一個人長久貧窮的原因。

比起存錢與學習投資理財的方法，需要首先處理的事情，是搞懂我們自己的金錢觀、財務觀。讓我們沒錢的原因，很可能就藏在這些觀念中而不自知。

您或許會說，怎麼可能會如此？讓我解釋給您聽聽看，您就知道了。

首先，大部分人的財務狀況其實都不算理想。以台灣的狀況來說，若將收入／資產分成五等分，至少要是中間 20%

階段的族群，收入才能有效超越支出，開始儲蓄金錢，踏入投資理財的大門。

單位：新台幣

年別 Year	全體家庭平均 Average saving per household	可支配所得按戶數五等分位組 Disposable income quintile				
		1 最低所得組 Lowest 20%	2 Second 20%	3 Third 20%	4 Fourth 20%	5 最高所得組 Highest 20%
70年 1981	66,916	11,942	28,435	44,263	73,459	176,483
71年 1982	64,344	9,468	24,714	40,684	69,835	177,018
•				•		
•				•		
•				•		
100年 2011	178,978	-29,308	24,819	91,114	207,512	600,753
101年 2012	195,891	-25,795	34,891	109,353	213,457	647,550
102年 2013	194,286	-21,932	37,575	108,262	209,603	637,921
103年 2014	201,680	-19,285	44,233	117,467	217,587	648,398
104年 2015	205,248	-19,224	43,139	113,271	218,388	670,669
105年 2016	216,304	-18,384	57,710	113,615	222,218	706,361
106年 2017	207,271	-18,351	43,342	111,558	212,911	686,895
107年 2018	224,945	-18,210	43,259	111,790	236,643	751,243
108年 2019	230,532	-18,190	51,760	112,152	252,334	744,604
109年 2020	264,548	-17,569	70,716	144,128	295,418	830,049
110年 2021	275,112	-17,465	71,736	151,439	305,733	864,115
111年 2022	274,032	-17,334	66,935	153,616	297,386	869,559
111年 儲蓄率(%)	24.72	--	9.95	16.10	22.77	38.74

圖 1-1　五分位所得，行政院主計總處〈111 年家庭收支調查報告〉

　　反過來說，大約 40% 的國人，收入長期處在勉強支付開銷，甚至不足以支付開銷的狀態。當然不是指這 40% 的家庭，金錢觀念都相對不理想，只是通常生活在收入比較困窘的家庭的孩子，不太容易獲得良好的金錢教育與金錢觀念。

　　假設您就是出生在一個每天追著錢跑，家裡長輩永遠喊

著沒錢，甚至成天為錢的事情而吵架，乃至為了躲債而經常搬家，為金錢所苦的原生家庭，您覺得您有機會被培養成一個金錢觀念相對良好，擁有正確投資理財觀念的成年人嗎？並不是說不可能，只是機率不大。

但是，也不是出生在富裕階層的孩子，金錢觀念就沒問題。社會上有些人看上去像個有錢人，屬於高所得、高支出族群，花錢如流水且好像有很多錢可以花，然而，他們的淨資產卻不算高。這些人的心態多半是：我有能力賺且還可以賺，認為錢再賺就有，錢就應該拿來花，人生應當及時行樂……假設一個人出生在這樣的家庭，您覺得這樣的孩子長大後，金錢觀念可能是正確的嗎？

以上是從社會宏觀面來看。保守地說，我認為社會上至少有半數的人生長在金錢觀念並不健康的原生家庭，不管家裡是有錢還是沒錢，是花錢如流水還是為錢發愁，從小耳濡目染了不健康財務觀念的孩子，長大後多半也會不自覺地承襲了這些金錢觀念與花錢方式。

從微觀面來看，讓我們閉上眼睛想想以下問題，就您印象所及的主觀經驗來自我評估。從小到大，父母有沒有跟您聊過錢的問題？有沒有教過您如何存錢與花錢？即使手頭寬

裕，有沒有教育您分辨什麼是必需買的東西，還是無論您想買什麼都買給您？父母有沒有為了金錢爭吵過？有沒有為了債務問題而煩惱過？有沒有跟您說過，家裡經濟狀況很不好、我們家沒錢、我們很窮？您是否還記得，父母通常是怎麼花錢的？

如果您有好朋友從事金融財務規劃方面的工作，或是您有很懂投資理財的朋友，不妨找時間跟對方聊一聊自己的金錢觀，特別是自己從原生家庭繼承的金錢觀，請對方給您一些誠實的意見，您會發現，大多數人在金錢與財務規劃方面，很難說都是健全而沒有問題的。

努力讀書、認真工作，就能變有錢嗎？

回想一下，從小到大，父母是不是總跟你說，要認真讀書、好好工作、努力賺錢，人生就能幸福美滿。特別是認真讀書、好好工作就能創造財務收益這個觀念堪稱深植人心。可是，上述觀念其實是有問題的，或者說太過簡化了。

一個人會不會有錢，跟是否認真工作，並不能完全劃上等號。繼承家中財務的人，可能從來沒有認真工作，甚至很

揮霍，但還是很有錢。認真工作賺取高薪，但是不懂得財務規劃，抱持「今朝有酒今朝醉」的心態，認為「我很辛苦，應該花錢犒賞自己」的人，可能把賺來的錢都花光了，只是表面上看起來有錢，實際上未必。

社會上有不少人對於有錢人或富裕的印象其實太過於刻板！如果我問您，一個有錢人看起來應該像什麼樣子，您會怎麼回答？出入開賓利、住帝寶、穿著一身名牌、年收上千萬，就是有錢人嗎？

上述最多只是高收入或高支出人士。雖然花了很多錢在昂貴的物品上，卻不一定是有錢人。但是，一說起有錢人，不少人心中總是浮現這些奢華物質方面的圖像集合。

在我來看，不少有錢人外表看起來跟你我無異，出入搭捷運、公車或騎摩托車，穿的衣服不一定是名牌、不一定很愛去高級餐廳、不一定住豪宅，但是，淨資產一定很豐厚。

淨資產雄厚的人，才是真正的有錢人，不管其外表看起來是否像個有錢人。

好比說，台北市的城中區（現部分萬華區及部分中正區）曾經有個大地主，名下有數百間房產，然而他走在路上看起來卻跟尋常老翁無異，出入也都是騎摩托車，一點也不炫富，但其實是個超級有錢人。

2020 年世界富豪排名	姓名	資產淨值（億美元）	車款	新車約略價格（美元）
1	傑夫・貝佐斯 Jeff Bezos	1,130	Honda Accord	26,000
2	比爾・蓋茲 Bill Gates	980	Porsche Taycan	185,000
3	貝爾納・阿爾諾 Bernard Arnault	760	BMW & Series	86,450
4	華倫・巴菲特 Warren Buffett	675	Cadillac XTS	46,000
5	賴瑞・艾里森 Larry Ellison	590	McLaren F1	2,200,000
6	阿曼西奧・奧爾特加 Amancio Ortega	551	Audi A8	83,525
7	馬克・祖克伯 Mark Zuckerberg	547	Acura TSX	30,000
8	吉姆・華爾頓 Jim Walton	546	Dodge Dakota	25,000
9	愛麗絲・華爾頓 Alice Walton	544	Ford F-150 King Ranch	49,000

表 1-1　富豪開哪一牌的車？

　　為什麼我要花那麼多心力，跟大家探討金錢觀、原生家庭傳承給我們的金錢態度，以及我們腦海中的有錢人模樣？

　　如果我們的金錢觀有問題、誤會了有錢人的生活方式或生存狀態，那麼即便我們開始設法累積資產，也會因為不健康的金錢觀而留不住錢，最多成為高收入、高支出的高消費人士，無法成為有足夠淨資產的真正有錢人。

　　好萊塢的頂級大明星，收入算超級高了吧？但也有人因為財務規劃沒做好，而導致破產。

　　再好比說，談到錢的議題，您會發現社會上有不少人抱持著埋怨與不滿的態度。抱怨自己收入太低、物價太高；抱怨自己懷才不遇，沒辦法找到理想工作；抱怨生活太磨人、支出太驚人，總是存不到錢……。

　　如果一個人長期抱持受害者特質：總是責怪他人、自我合理化，抱怨自己現在的財務狀態，您覺得他有可能積極地改善自己的財務狀態嗎？口中總是喊著「我沒錢、我好窮、我好慘、我好可憐」的人當中，有多少人日後可以在不改變思維想法的前提下，順利改善自己的財務狀態，變成有錢人呢？

　　就算短時間內獲得了大筆金錢，也會因為對金錢認知的

閉鎖，最終散盡千金。

歐美曾有人做過統計，樂透頭獎得主平均七年半散盡所獲得的獎金。而沒有管理和持有大筆資金的認知是他們最大的不幸，拿到錢之後，只是不斷的支出，不知道怎麼留住並且使其增長。

更關鍵的原因還可能在於，他們腦中對於有錢人的生活型態的認知有偏差，只記住了高支出，卻沒有機會學習如何創造高收益。在資產長期處於只有支出卻沒有收益的情況下，遲早坐吃山空。

對金錢的認知跟我們究竟為什麼要變有錢、為什麼需要學習投資理財、財務規畫這個重大命題有關。

您覺得自己為什麼想要變有錢？

是為了過上理想生活，還是為了讓自己在別人眼中看起來像個有錢人？我希望各位都是前者，而不是後者。

花掉 100 萬元讓人感覺你很有錢，但實際上只是花掉 100 萬元。要扎扎實實的存下 100 萬元，才是正在邁向財務自由，走在成為有錢人之路。

一個人心中對於金錢的態度，將會影響其金錢賺取、使用與累積方式，而這些最終將決定我們是否能夠創造理想的財務狀態。

琳恩・崔斯特在《金錢的靈魂》一書提到，回顧我們的人生，究竟有多少次為了金錢問題而做出有失風度、降低格調、占人便宜或不光彩的事情？

使用金錢作為控制懲罰，或把金錢作為發洩情緒、愛的代替品，阻礙了人與人之間的交流與關係。如果我們與金錢的關係竟是衝突不斷，人生又怎麼能夠幸福美滿？

一個人處理金錢的方式，與其價值觀、世界觀息息相關，熱衷追逐金錢的數量、沉迷於資產增長，導致走偏了道路，甚至賠上靈魂與生命，或者為了錢而互相傷害、選擇自我毀滅的人，不時可見。

變有錢之前，得先有健全的金錢觀，否則，就算真的變有錢，並改善物質生活光景，卻也可能讓我們變得更加不開心與痛苦。

在一切開始之前，我們必須先好好思考自己與金錢的關係。為此，我們必須重新規劃金錢與生活的關係，掃除金錢對我們人性中黑暗面的制約與傷害。

　　因此，進行投資理財與財務規劃前最重要的一件事情，是培養健康的財務觀念，也就是創造一個健康的有錢人的腦子。唯有如此，我們才能從為數不多的收入中留住錢財，用於投資、創造收益，達成理想的財務狀態。

設計您的財務自由計畫

　　成為投資人，代表您對自己承諾，未來的人生將維持或不斷增大您的收入轉儲蓄占比（一開始可能很低，但是要盡快拉高到能夠存下主動收入的 10%，甚至 20%），將這些省下來的錢，存入一個專屬的帳戶，未來以此帳戶的資金開始，進行資產配置。

　　成為投資人，也代表您從此要學會懂得保護自己的資金，不被市面上的商品廣告文案所誘惑，花掉您原本可以存下來，日後準備用於投資的錢。

　　成為投資人，還代表接下來您要懂得避開那些會向您借錢卻不歸還、用您的錢進行許多不必要的消費，導致您的儲蓄率下降甚至無法再儲蓄的人、事、物（為家人所為的合理支出當然不在此限。為了存錢而六親不認並不是大部分人所

樂見)。

　　緊接著,您要根據不同財務目標,分別計算出退休後生活準備金的數字,為不同生活水準的退休生活設定不同等級的資產累積金額,在往後的人生道路上盡力而為。

　　請至少確保自己進入熟年期或不再工作賺取主動收入後,能夠抵達財務安全,也就是退休後生活支出無虞。

　　雖然我們會花很多篇幅來討論金錢的儲蓄與增長,然而,您務必要記住:這一切的一切,最重要的其實不是錢,金錢只是您實踐人生目標的工具,關鍵是您為了抵達理想人生目標的覺悟與選擇,是為了抵達這個目標而選擇走上財務自由的道路;是您能否堅持到底,然後獲得您想要的理想生活。

　　請善用金融工具,利用複利的力量,實踐這個事關您人生幸福的遠大計畫。

 ## 財務規劃的五個層級

1.財務安全:保障基本生活無虞的花費

　　房貸還清

　　公共事務費用繳清

　　家中所有人的食物花費全都付清

交通費也全都付清

保險費也都付清

將生活中所有必要支出項目（如，房貸、公共事務費用、家中所有人的伙食費、交通費、保險費）的金額加總，就是確保財務安全必須達到的金額！

2.財務活力

除了第一點的財務安全所列明細，再加計治裝費、娛樂費、奢侈花費等所有您覺得可以讓自己日子過得開心、過得好的花費。

3.財務獨立

不用工作也可以獲得上述資金的時候，就達到財務獨立。

4.財務自由

直到人生最後，都可以不用為了錢而工作，能過上自己理想生活所需的資產。

5.絕對財務自由

不只自己跟家人花用綽綽有餘，能過自己想要過的生活，還能大方加碼回饋社會、預留給子孫時，就達到絕對財務自由。

課後練習

一、您想成為真正的有錢人，還是看起來有錢的人？

二、在您來看，真正的有錢人的生活，應該是什麼狀態？

三、如果不用考慮錢，您覺得自己的理想生活應該是什麼樣子？

四、您覺得這輩子不再需要為了賺錢而工作，需要擁有多少錢才足夠？請寫下一個具體的數字。這個數字，是您理想生活的年支出金額（具體想像一下，對您來說，所謂的理想生活的所有開銷的實際金額），乘以您還可以存活的壽命。

五、再仔細重新盤點第三題的答案，找出最不花錢就能做到的版本，重新計算一次總計的金額。

六、您的資產距離推估出來的理想生活型態所需金額，還差多少？您覺得您可以用什麼樣的方法追上這個金額差距？

第二章

構思與規劃自己的財務目標

　　錢，是一種媒介、一種工具，可以到市場上購買他人勞動力所生產的貨品或服務，為我們所用。

　　一般的情況下，我們需要先付出勞動力換取金錢，才能到市場上購買我們需要的貨品與服務。

　　市場經濟讓我們可以透過金錢的轉移與分配，促成複雜事情的分工，讓我們不需要凡事都自己做，可以專注在自己擅長的領域，將其他事情外包，提升工作效率。

　　舉個例子，當我們生病時，會去醫院看醫生，花錢購買醫生的專業，幫我們治病；或者因為沒辦法自己打掃家裡或煮飯，花錢叫外送餐點、請家事幫傭幫忙。

　　如果我們有足以過完一輩子的錢，那麼，我們就算不再工作，也能在市場上買到可以協助我們解決生活中的各項問題的服務。上述這一點，應該是大部分人想要學習投資理財，獲得財務自由，也就是變有錢的原因。

　　特別是隨著醫療科技進步，人類平均餘命不斷增長，少子化與高齡化趨勢越來越明顯，我們有漫長的老年期需要度過。隨著年紀增長，雖然我們的體力與智力未必會衰退，市場上卻不再需要我們的勞動力，以退休之名解除我們工作賺取報酬以支付生活開銷的機會。

　　以現在（2023 年）的法定退休年齡來推估，我們退休之後，至少還有將近二十年的壽命，這二十年間，我們可能無法再輕易地透過勞動力換取主動收入，生活卻仍然需要支付各項帳單。為此，人們想出各種辦法儲蓄退休後的生活花費。

　　加入自願提繳退休金制度、私人商業保險（人壽險、醫療險）等，都是人們常用來籌措退休生活花費的方法。

　　也有人會選擇一份日後能夠支領月退俸的工作，為的就是保障不知道會活到幾歲的人生，在退休後持續有金流可以支付開銷。更多人則是及早開始儲蓄，學習投資理財，試著增加自己的資產。

　　可以說，絕大部分人之所以積極學習投資理財，首要的目的，未必是變成有錢人，而是為了幫助自己或家人準備安享晚年所需的花費。

　　退休後的花費，是大多數人的終極「財務目標」，本書的討論重心，也將放在這一點上。

　　當然，人們的財務目標不僅止於準備退休後的花費，其他像是買房、買車、買奢侈品、子女教育準備金、結婚基金、旅遊基金等，也都是常見的財務目標。

學習投資理財前最重要的一件事情，是先寫下您覺得自己這一輩子，有哪些重要的財務目標？

本書對重大財務目標的定義是：無法直接從月薪或日常主動收入中撥出預算來支應，必須花費一段時間儲蓄，或透過持續的投資理財規劃創造的收益，才有辦法取得的目標。例如買房，至少必須先儲蓄頭期款，並且向銀行貸款，透過分期付款才能償還房貸，取得房子。這就屬於重大財務目標。其他像是儲蓄退休花費、購買商業保險、儲蓄子女教育經費，也都屬於常見的重大財務目標。

將抽象的財務自由，轉化為具象的財務目標具體金額，有助於財務規劃的安排與投資理財標的上的選購。所以接下來，我們要來大致估算一下，一個人一輩子的幾大重要財務目標累計的總金額。

 兩種財務自由觀

1. 淨資產達 1 億元新台幣或 350 萬元美金

2. FIRE 論、4% 法則

FIRE (Financial Independence, Retire Early) 的意旨是，存到一筆錢，並用這筆錢持續投資，每年只領取總金額的

4% 當作生活費，假設每年的投資報酬率有 4%～5%（其實不難達成），這筆退休金就能到老都花不完。

舉例來說，假設某家庭每年家戶支出 100 萬元，只要他們能準備 2500 萬元作為投資本金，並且創造每年 4% 收益（100 萬元），就是達到財務自由的境界，可以選擇退休，不再需要為了賺錢而工作（但是也可以為了自己的興趣或理念而繼續工作）。

FIRE 論大幅調降了財務自由的標準，某種程度上也提早了退休時間，歐美不少 FIRE 論信奉者 40 歲後就選擇退休，不再待在都市裡工作。

不過，FIRE 論對於如何儲蓄到足夠的投資本金，大多數採取鼓勵參與者認真工作存錢，或是直接假設參與者原本就是能夠存下大量現金的高收入工作者（如：年薪數百萬新台幣的高薪階級）。

FIRE 論中，有些人追求簡樸生活，對物質欲望的需求不強烈；有些人認為即便已經達到財務自由仍可繼續工作，只是降低工作強度，例如轉為兼職或轉換到地方城市從事相同工作。

以上兩種財務自由觀相比，退休財務規劃更接近 FIRE

論，也就是建立一個合理的年化報酬率投資組合，讓我們年老後生活支出無虞，而不是將絕對財務自由放在首位。後者不是每個人都需要追求的財務目標，也還牽扯到每一個人開始投資的年齡與大環境狀況。不過，我們也並不是就放棄絕對財務自由這個目標，只不過更像是摸著石頭過河，先設定低標，在前往的道路上，再端視每個人的執行狀況來決定是否提高目標。

退休生活準備金

二、三十年後的物價，雖然通常會受通貨膨脹影響而上升（但也有例外狀況，例如日本經歷了非常漫長的一段通貨緊縮）。不過，退休之後的生活，基本上屬於個人型態的通貨緊縮。

白話文來說，就是個人退休後的支出，更多會與自己熟年期的物欲衰退程度有關，這個衰退將會抵消客觀環境的物價上漲，出現兩相抵銷效應。除非有重大疾病或親人借錢等其他原因造成資金大筆流出。否則，大體上來說，可以您現在所處的物價水準，估算退休花費。

此外，破壞式創新也會阻止物價上漲。好比現在的智慧型手機，包含了過往數十種需要分別拆開來購買的電子產品的功能，幫我們省了不少錢。在可以預見的未來，AI 與自動化科技，乃至商業模式的變革，也會讓某些商品的使用價格大幅下降。

物價原本就是一項很難預估的指數，更別說人們受物價指數波動影響的情況了。因此我們應該從自己的實際需要去估算退休生活準備金，而不是依據物價指數，而且影響物價指數高低的因素可能有很多跟我們毫無關係。舉例來說，如果你有自有住宅，那麼房價的飆漲對您支出面的影響，可說微乎其微。

人們退休前的生活支出，有很多其實不是花在自己身上。如子女教育經費、奉養父母的費用等。對比退休後我們大部分的花費都是花在自己身上，不用再為了別人的需求而賺錢或花錢，實際上的支出項目與金額會比現在少很多。

也就是說，如果您現在一個月的家庭月支出是 10 萬元，退休後的家庭月支出，大約也還是 10 萬元。

不過，實際上退休後的花費，很可能比現在還要再更低

破壞式創新
透過科技性創新，將產品或服務以低價、低品質的方式售予目標消費族群，以突破現有市場。

一些。

德國精算師佛瑞德列克・維斯特，在其著作《精算師給你做得到的安心退休指南》一書中做過計算，他發現人的一生中，開始工作之後到退休之前的收入，真正花在自己身上的比例，只有 20%～50% 之間。而退休後，雖然絕大部分開銷都花在自己身上，但物欲衰退，兩相加減，退休後所需的花費，大約只有工作時期的 50%～70%。

兩成的差異，取決於是否需要繳房貸／房租。能在退休前繳完房貸者，退休後所需的生活開銷，大約只有工作時期的 50%。

也就是說，如果您在工作時的家庭月開銷是 10 萬元，已經繳清房貸者退休後的家庭月開銷為 5 萬元，未繳清房貸或需租屋者，家庭月開銷為 7 萬元。

假設，您的退休月開銷是 5 萬元，一年就是 60 萬。如果 65 歲退休，平均餘命以 85 歲計，那麼，至少需要準備 60×20 = 1200 萬元的退休生活準備金。

粗估退休生活準備金 =（平均餘命－退休年紀）×工作時的平均月家庭支出×12×(50%～70%)

以上只是初步估算，個別家庭因為個別原因，可以自行

針對需要準備的支出金額項目加權比重。有個具體的估算數字做為參考，比較方便之後財務規劃與投資理財的安排（為了討論方便，本書接下來後續章節的舉例也都採取一般論，再請讀者針對自己的狀況進行加權調整）。

此外，上述所估算的退休生活準備金，還可以再扣掉您能從公司退休後領到的退休金、勞保或國民年金的金額，最後剩下的部分，才是真正需要由您自己準備的退休生活準備金金額。

舉例來說，如果您是可以支領終身俸的退休軍、公、教，月退俸的金額超過了家庭月支出，那麼，基本上是可以不另行準備退休生活準備金（這或許也是軍、公、教鐵飯碗之所以迷人的地方）。

再舉個例子，如果您 62 歲退休後，能從公司領到 200 萬退休金，勞保每個月可以給您 12000 元的津貼，而每個月的家庭月開銷是 5 萬元。那麼，您需要自行準備的退休生活準備金就是 $(50000-12000) \times 12 \times 20 - 2000000 = 7120000$ 元。

如果您一年能夠存下 50 萬元，或者透過投資創造 50 萬元的收益，且能持續二十年，那麼退休後的花費就無需太過擔心。

之所以花如此多的心力，估算各種退
休生活準備金數字，是想要跟大家說，退
休生活準備金該如何設定因人而異。一定
要根據自己的實際情況，進行估算。

好命退休計算機

此外，務必要先估算出一個具體的數字，就算是低估也
無妨，日後可以再進行加權。總之，越能看清楚自己這輩子
退休後真正需要的花費數字，越不會對退休該準備多少錢感
到焦慮，也才能知道自己接下來該怎麼規劃與準備。

退休生活準備金的準備，還有幾件事情需要留意。

第一、如果有房貸，能夠在退休前繳清為佳。

有鑑於目前越來越多國人採用三十年期貸款，建議大家
的起貸年齡加貸款年限不要超過 65。也就是說，最晚 35 歲
起貸，繳完貸款剛好退休。如果 40 歲才起貸，就要做好 70
歲才退休的心理準備，或是設法創造業外金流協助自己提早
還清款項，對退休生活財務狀況的規畫會比較好。

第二、退休初期，切莫過度消費。

剛退休的時候，有一些人很可能為了犒賞自己一輩子的
辛勞，為自己和另外一半安排了一些犒賞行程，像是環遊世
界，卻不小心花掉太多錢，影響日後的財務狀況。

業外金流
本業之外的現金流入。

當然不是說，不能犒賞自己。

工作了一輩子，子女也都長大離家，終於放鬆下來，如果體能和精力都不錯，當然會想要對自己好一點。不妨試著在規劃退休生活準備金時，額外開一個小計畫，跟主計畫分開，存一些打算用來犒賞自己的支出。也可以延緩退休年紀一到兩年，或改以強度較低的兼職、顧問、自雇工作型態繼續工作，將額外所得作為犒賞行程花費。

不過要記住，慶祝退休的犒賞行為是一時性的，結束後就要返回日常，不要從而拉高了消費等級，否則會讓原本的退休規畫爆掉。

退休後的生活，必要時得降低消費等級：選用同質性產品服務中價格較低廉的，並詳細記錄收支；與退休前的生活開支對比，盡可能降低生活中的固定成本支出。例如，手機費率可以換最低階的、衣服改買最便宜的品牌。

最好在退休前十年，就開始逐步設計退休生活型態。如果不再工作，原本工作的時間要拿來做什麼？千萬不要待在家裡當巨大垃圾，出去交朋友或上課，擔任志工或爬山，都比賴在家裡不動好。

財務狀況不錯的退休族，請認真思考聘請信得過的理財

顧問，定期跟自己討論財務狀況與資產配置的問題。

第三、好好維持婚姻關係。

離婚會造成財務累積的折損，因為財產需與離婚的配偶均分、可能需要支付贍養費，而且離婚後的生活固定成本也許會上升。

總之，好好經營婚姻關係，不要走上離婚一途，對於退休財務規劃有百利而無一害。

第四、維持身體健康，盡可能縮短臥病在床與長照使用的時間。

人的一生，有過半的醫療支出發生在退休後的年歲。身體越健康者，越不用跑醫院；熟年期後的醫療開支越少，也可以降低讓人憂心的狀況。

有一些人並不是沒有做好退休財務規劃，只是沒想到，久病纏身，醫療支出超過原本預期，老本吞噬的情況遠超過當初所構想，錢花完了，人卻還在病榻上掙扎。

雖然台灣有全民健保，可以攤提不少醫療支出，不過，最好還是趁年輕購入適量的商業保險，特別是醫療險與人壽險，不要讓自己的身體狀況導致退休生活準備金超支，甚至成為家人的經濟負擔。

購買保險，也屬於退休財務規劃的一環。不過，本書並不打算花時間討論商業保險該如何購買，僅簡單說明比較適合的購買方法：「貨比三家不吃虧。」可以透過

保險產品資料庫

網路保險資料庫做比價，並找已經在保險產業工作多年的資深業務擔任自己的保險經紀人。保險買得好，病痛方面的開支，可以省掉很多不必要的煩惱。

第五、不宜過早過戶財產給子女，並事先規劃個人遺囑。

子孫不成材，是熟年期財務意外風險的重大原因之一。請不要幻想自己的子女一定能順利處理好財務問題、一定能夠成材、賺了錢一定會孝敬父母，實際上長大後還賴在家裡不肯走，需要父母協助解決財務狀況的子女可不少。

常見的熟年期親子財務問題，還有父母太早把自己名下的財產過戶給子女、給子女太多錢，子女一下就揮霍掉、沒有預留足夠的流動性資產以支付自己的老年後生活開銷、太早退休或被迫退出職場，造成家庭財務壓力上升等。

遺囑除了交代財產狀況與財務分配，還可以一併處理醫療護理委託書、放棄急救聲明書、授權書、信託書、個人數位帳號與密碼、保險資料、房產地契、車輛所有權文件、結

婚證書、各類契約、銀行資料、重要聯絡人資料、股票、公司持有證明或其他法律文件等。

平常可以多想想身後事,寫下遺囑清單,盡早找個律師協助完成遺囑,並交付公證,因為長壽真的是現代人最大的財務風險。

制定合理的財務計畫,必須認真思考以下問題

- 您打算何時退休?或者不退休?
- 您是否知道自己能運用的社會保險有哪些?
- 您是否有機會繼承遺產?金額大概多少?是否需要額外繳稅?
- 除了退休生活能夠經濟寬裕無虞之外,您還希望退休生活能夠擁有什麼?
- 退休之後,誰來照顧年邁父母?誰來支付照顧父母的支出?大約需要花多少錢?
- 您是否打算協助孩子支付大學高等教育費用?
- 您是否打算添購自住以外的房產?
- 有無自己老年後的長期照護規劃?有無另一半的老年

後長期照護規劃？

- 若子孫背負債務，需要你幫忙，多了額外支出怎麼辦？
- 若遭遇金融海嘯或新冠肺炎之類意料之外的系統性風險，您覺得需要額外準備多少資金，才能作為緩衝？
- 若是因為離婚，造成財務分割／支出，導致財產縮水，剩下的財產是否足夠老年後生活支出？

上列的問題，都是進行熟年財務規劃需要考慮的實際面向。若計算後發現，退休實際需要準備的資金超過原本設定，那麼不妨考慮延後退休年齡，甚至放棄退休。

購置房產

有土斯有財，至今仍是很多台灣人信奉的觀念。不少人都覺得，一輩子至少應該買入一間屬於自己的房子。

傳統的想法是，只要繳交二十到三十年的房貸，繳清之後房子就歸我所有，往後居住成本為零，不用再花錢（嚴格意義上來說當然不是從此不用再花錢，房子要繳稅，而且房

系統性風險
又稱市場風險、不可分散風險，是影響所有資產、無法透過資產組合消除的風險。通常是由影響整個市場的風險所引起的，例如：戰爭、政權更迭、自然災害、經濟週期、通貨膨脹、能源危機等。

子舊了之後，會有維修與翻新等需求，也需要花錢）。

　　租房子則是幫人繳房貸，特別是近年來有許多投資客，買入房產後整修出租，賺取價差！與其付房租一輩子幫人繳房貸，不如自己繳房貸，擁有屬於自己的房子！因此，購屋成了許許多多台灣人重要的財務目標。

　　若必須自己存頭期款，以總價 1000 萬元，貸款七成、三成頭期款來估算，至少得準備 300 萬元的頭期款！那麼，這300 萬元就是人生中另外一項重要的財務目標。

　　以今天的就業型態跟房貸分期模式來說，35 歲以前買房，會是比較理想的狀態。35 歲買房，假設貸款三十年，繳完貸款後，正好到了退休年齡。呼應前一節提到的，在退休之前完成房貸繳交，取得房子的所有權。

　　也就是說，必須在 35 歲之前，存下 300 萬元的頭期款。

　　打算貸款買房的朋友，存夠 300 萬元頭期款，就是 35 歲之前的重大財務目標，必須在日常生活開支之外，額外再撥出一部分的金錢用以儲蓄或投資。

　　為了能夠在 35 歲前，累積 300 萬元買房頭期款，請務必進行以下盤點：

　　1.計算出目前所有銀行戶頭裡的資產總金額，包括活期

存款、定期存款、股票、基金。

2. 計算出家戶每月平均支出、收入、收入減支出的剩餘金額。以目前剩餘金額，扣掉目前的資產，還需要幾個月才能存到頭期款？能否在 35 歲以前達標？

3. 若無法在 35 歲以前存滿 300 萬元，有沒有其他方法可以創造額外收益？如果可以，每個月可以額外創造多少收益？

4. 目前的支出中，有無可以削減的部分？請從固定支出的部分重新盤點起。例如，換一間房租便宜一點的房子、電信費率改更低的、娛樂方面的支出比重，能否再下修？飲食方面的支出比重，可否透過更改飲食型態（例如，自己煮取代叫外送）降低？

在貸款買房的情況下，如果房貸超過薪資五成（理想狀況是，房貸只占薪資的三成），造成其他支出受到壓縮，財務狀況過於緊繃，沒有承受其他風險衝擊的餘裕時，是很危險的事情。例如，2022 年開始，各國陸續升息，房貸族的利息支出不斷向上攀升，如果本來貸款後財務已經吃緊的族群，情況可能會變得更嚴峻。

對於重大財務支出的規劃，不宜過分樂觀，必須保守以

對,從最壞的情況下手評估,絕對不能忽視風險造成的衝擊。

想買房之前,請確認是否已經清償其他消費性債務?沒有其他信貸、學貸與車貸,養育子女或奉養高堂的費用都已備妥,不會受到房貸利息上升影響。此外,最好準備六到十二個月的生存準備金。

以上若還做不到,請先租房代替買房,不妨選租未來可能買入之區域,一方面可以慢慢尋找優質房產。實際入住自己想買的社區,結識鄰里,多方打聽,很有機會買到低於市場行情的好物件。

最後但並非最不重要的一點,千萬不要買免自備頭期款的房子,兩頭還款的壓力會很大;更不要聽信房仲或建商代銷的建議,以信用貸款補房貸或裝修不足部分的資金。信用貸款的利息支出很高,一旦還不出來,之後的利滾利會造成更沉重的財務壓力。

資金使用方法,與個人財務規劃的觀念有關

看到這裡,或許您會感到疑惑,這不是一本教人投資理財的書嗎?為什麼談到買房頭期款的部分,竟然沒有教我們

如何使用投資理財的方法創造收益來支付？以上的建議，是給打算參與三十年分期付款，繳付房貸買房的朋友參考的做法，打算靠投資理財收益購房者，則不適用。

掌握投資理財竅門的朋友，手上擁有 300 萬元資金的話，應該會選擇強化自己的投資績效布局，讓資產配置後的複利效應，幫自己創造未來買房所需要的收益。

白話文來說，擅長投資理財且能從中獲得高績效報酬的人，不會將 300 萬元現金作為頭期款花在買房，而是會以 300 萬元為本金，進行投資，等到績效達到足以購買房產時，再決定是否進場買房。

舉個簡單但極端的例子：2019 年的台積電，股價約落在 260 多元，疫情期間最高飆漲到 600 多元，平均來說，至少也有 500 元上下的水準，股價漲了一倍！疫情前就持有台積電股票的人，資產至少翻漲了一倍。

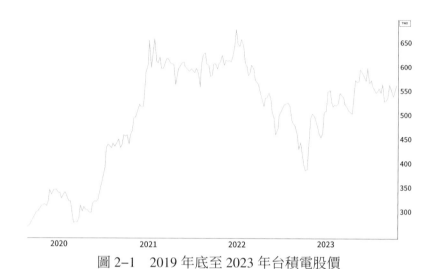

圖 2-1　2019 年底至 2023 年台積電股價

　　持續從事長期投資的朋友，考慮的是資金透過金融商品的複利效應後，能夠創造的收益。

　　房子是否要趁年輕就進場買，端視每個人所具備的經濟條件與認知觀念而定。存夠本金，花三十年償還貸款，退休前取得房產，是一種方式。累積第一桶金，進入金融市場，靠複利效應創造投資收益，未來再購入房產，也是一種方式。甚至，不購入房產，持續租屋，也是一種可能性。

　　買房跟租房並不是二選一的問題，而是根據自己的狀況，評估哪一種金錢使用方式比較不會浪費機會成本，能讓效益極大化的問題。

付房租幫人繳房貸又何妨？如果持續租屋，可以讓原本會變成頭期款的資金，更有效地創造投資收益，那麼，此時租房會是比買房付房貸更有效益的選擇。

重要的其實是自己的現金流能否支應開銷並且有餘，而不是心理帳戶上的幫房東付貸款。

300 萬元可以幫我們錢滾錢、利滾利，創造出十倍甚至百倍的資產收益。然而，如果當頭期款付了出去，就要到將來處分房產時才能取回，計算出投資報酬率。

並不是說賣房之後的投資報酬率一定比較差，這只是兩種不同的金錢使用思維邏輯，而想要掌握投資理財精髓的人，一定要搞懂其間的差異。

曾經有人問巴菲特，為什麼家財萬貫了，花錢卻還是如此小心翼翼？

巴菲特說，如果你知道自己花出去的金錢，數十年後經複利效應所能累積的總金額，你就會知道，現在輕易的將錢花掉所犧牲的機會成本何其龐大，能不小心翼翼仔細考慮嗎？

或許我們都太小看金錢使用背後的機會成本，只看重當下的滿足了。

心理帳戶
人們會在自己心中把金錢劃分到不同種類的帳戶中，並設定不同的使用途徑，甚至是改變看待金錢的方式（詳見 P.184）。

然而，作為一個良好的投資人，試圖使用投資理財工具創造財務時，首先絕對不能不計算的就是每一筆支出的機會成本。

存下 300 萬元頭期款，貸款三十年，取得市價 1000 萬元的房產是一種買房方法。將 300 萬元拿來投資，十年後，靠投資績效創造十倍收益，再拿出其中的 2000 萬元買下房產，也是一種買房的方法。

前段的第二種方法表面上看起來好像得付出更多錢買房，實際上這裡面隱藏著資本的複利效應與機會成本考量的奧妙，若能參透且能認同者，方能在投資理財的世界如魚得水。

小結

根據本章的討論，估算出自己的重大財務目標與金額，再請反向推估出達成目標所需的時間與投報率，找到自己能承受的風險與投資方式，展開投資。

圖 2-2　年報酬率 8%，十年投資收益試算

理財鴿財務目標計算機

　　財務目標金額估算項目：可投資時間、年化報酬率、投資項目。

　　常見的投資工具有：基金、ETF（指數股票型基金）、股票、債券、不動產、大宗商品、期貨、現金。

　　財務規劃最重要的是能夠堅守計畫、確實執行，不要太在乎一時的損益。

課後練習

　一、估算出工作時期的家庭月支出，由此數字推估出退休生活準備金的金額。

　二、盤點一下，退休時您能領到的退休金的金額？

　三、使用保險資料庫或找資深保險從業人員進行保單健檢，找出需要補強的地方。

　四、退休後是否需要租賃房屋居住？若需要，將每年的房屋租金支出，加入退休生活準備金中。

第三章

理財盲點

　　巴菲特的好朋友蒙格，是位擅長使用反面表列法探討投資與人生難題的高手。如果有人問他，怎麼樣才能過上成功人生？他會告訴您，不要做那些會讓人生失敗的事情！同樣的道理，要怎麼樣才能變有錢？蒙格會跟您說，不要做那些會讓自己變窮或留不住錢的事情！

　　這一章，讓我們先來想一想，個人生命週期中，有哪些事情可能會造成我們留不住錢？

入不敷出，支出大於收入

　　首先也是最重要的一件事情，應該是支出大於收入，也就是花的比賺的多。當一個人長期寅吃卯糧，自然不可能留得住錢，甚至還背負高利息的信貸，利滾利之下，債務越滾越大，要想變有錢，難上加難！

　　支出大於收入的原因有很多，撇開薪水過低、家庭負債需要幫忙攤提、失業等問題不談，僅針對過度消費、衝動消費及沒有計畫的消費等個人自行造成的原因來看，開始記帳、管理支出結構，找出無端浪費的部分，是最好解決問題的辦法。

　　想要解決入不敷出的問題，可以以預先承諾、編列預算的方式，控制自己的現金支付。例如，強行限制個人消費金額上限、出門只帶少量現金不帶信用卡、去超市採買時只根據採購清單購買必要物品、不喝星巴克或手搖飲、日常採購挑打折時段購買、挑平均客單價最低的商品買、減少外食頻率、次數與金額、減少服裝採買或是只在換季大特賣時購買、盡量利用免費的公共服務（例如：到圖書館借書，不購買）。

原生家庭對子女的影響

　　有一些人之所以貧窮，是因為社會化過程中，被灌輸了太多不理想的金錢觀與財務觀（例如：有錢人都是壞人、金錢是骯髒的……）。也就是說，父母與子女互動時顯露的不健康金錢觀念與對金錢的負面情緒，會在不知不覺間對子女有潛移默化的影響。

　　例如，孩子對父母說想要玩具時，有些父母會說不可以買，理由是我們家沒有錢，那個玩具很貴、不實用；有些父母，二話不說就幫孩子買；有些父母則會問孩子，為什麼想要買？還有些父母會出功課，問問孩子，要怎麼籌出購買玩

平均客單價
每位顧客在單次消費中的平均消費金額。

具的費用？

會跟孩子討論如何買的父母，也未必就有餘裕能夠購買。但是，他們不想只是把問題簡化成一個否定的答案，而是和孩子一起討論、一起得出結果。

以上只是生活中的一個小例子，但卻能夠展現出父母對金錢的觀念與態度，長久下來，子女便會形塑出相對應的金錢觀，影響往後對金錢的態度與使用方式。

除了瞭解原生家庭的金錢觀對自己的影響，也要小心不要讓自己組建的家庭，成為帶給子女不理想的金錢觀的原生家庭。

為人父母後，不要試圖用金錢控制子女，要趁早開始培養子女的金錢觀念、收支觀念、記帳觀念與理財素養。在金錢方面，對子女別過度苛刻，也別過度大方，別怕跟子女談錢，要多跟子女討論金錢的問題，才能預防子女長大後在財務上出狀況。

個人在財務議題上的心理認知

沒有入不敷出的問題，存款有結餘、有儲蓄、也有投資

規畫，卻總是為了財務狀況而煩惱的人，很可能是在金錢認知上出了狀況。有可能是將金錢的累積當成安全感的來源，因此明明不算窮，卻總覺得自己很窮，還想要賺更多，卻不知道賺了更多之後要做什麼。

錯把手段（增加資產）當目的（希望資產增加的原因）的人，不管擁有多少財物，都只會覺得自己很窮，無法因為累積財物而感到開心或安心，甚至會不斷跟比自己有錢的人比較，讓自己處於相對貧窮的心理狀態中。

社會心理學研究發現，年收入 7 萬元美金的族群，是幸福滿意度最高的。往後薪資收入的增加，並不會再大幅增加幸福滿意度。因為人是適應性的動物，約莫三個月或半年後，就會適應新的狀態。

像這樣客觀上沒有金錢短缺，主觀上卻覺得自己貧窮，總是為財務狀況煩惱的人，可以考慮找心理諮商師，瞭解自己的金錢觀，解決金錢認知問題。

雖然人們常說：「沒錢萬萬不行。」不過，金錢與幸福人生的關聯性，沒有一般人想像中的那麼大！一個人若是過度看重金錢，把金錢當成人生問題的唯一解，當然會不快樂。

小測驗 —— 您是否對金錢過度看重？

- 是否擁有不願告訴另一半的金錢秘密？

- 是否經常為金錢的事情而失眠、焦慮或恐慌？

- 是否覺得自己擁有的財物還不夠，還想要更多？

- 您身邊的人，是否不止一次表示您很常提到錢，而且都是負面不安的焦慮？

- 是否不斷拿自己的財務狀況與周圍的人比較，而且覺得自己狀況比較差？

- 在做其他事情時，是否經常想起自己的財務狀況，擔心萬一賠錢或沒錢該怎麼辦？

- 是否過度思考自己的財務預算分配的細節，即便財務狀況還不錯卻仍然覺得自己不夠好？

- 是否無法將金錢花在享樂上，寧可存錢也不願意度假；只追求帳面數字成長，卻不願意花在改善生活品質？

- 是否不斷向上修正退休財務目標或延後退休年紀？

- 是否總是為了賺更多錢而將家人、朋友拋到腦後？

以上十題，如果有五題以上符合症狀，就是太過看重金

錢了！

對金錢感到焦慮不安的人，要試著對自己好一點，不要對自己太過苛刻。務必徹底反省過往的自己，有無因為過度看重金錢而傷及人際關係的行為？

試著傾聽內在之聲，找出造成自己對於金錢感到焦慮不安的原因，面對自己的不良行為，採取改變行動！必要時，也可以請客觀第三方協助您解決問題。

練習告訴自己金錢夠用就可以了，不要幻想過好或過糟的狀況，更別讓這些幻想阻礙你的行動。

追求財務目標雖然重要，但也不要過度執著、錙銖必較，不要滿腦子都是錢，讓金錢困住自己。否則，就算擁有很多錢，人生不會幸福，自己也無法開心。

不要信奉富貴險中求，過度承擔風險

不要相信富貴險中求，無視風險，時常借貸投資、高槓桿操作資金；相信小道消息、頻繁短線進出金融市場、只看當下的投資氛圍就決定買進或賣出，且將所有儲蓄押在單一項金融商品上。

高槓桿操作
利用借來的錢操作投資標的，5 倍以上可視為高槓桿。

好的財務規劃必須包含財務目標、未來收入來源與個人風險承受度，投資的目的應該要能協助實踐自己的人生計畫，而不是為了賺取更多報酬而衝刺。

課後練習

壹

一、父母過往有無和自己討論家庭財務規劃方面的問題？有無提供財商教育？

二、自己有無跟子女討論過家中財務問題？有無提供子女財商教育？

三、客觀評估一下，未來需要出手幫助子女解決財務問題的機率？

貳

一、對您來說，擁有一輛好車是重要的事情嗎？

二、40 歲前退休，快速致富是您的人生主要目標嗎？

三、擁有一棟房屋是好投資嗎？

四、股票是個好的還是危險的投資項目？

五、若您是一位長期投資者，應該努力去擊敗市場大盤
　　嗎？

六、您可以或願意為孩子提供多少財務協助？

七、如果手上有些閒錢，應該提前把房貸繳清嗎？

市場大盤
又稱股市指數，指的是股票市場中的主要指數，是用來衡量股
票市場整體表現的指標。

第四章

一切投資從記帳開始

做自己的人生財務長

麥考米克在《做自己的人生財務長》一書中提出一個觀念轉換，建議我們不妨試著把自己（家）當成一家公司來看待，自己則是公司的財務長。

試著把薪資等各項收入當成公司的營收，各項支出當作營運成本來看待，收入減掉支出後的剩餘（如果還有的話），則是公司的淨利。

算算看，如果自己（家）是一家公司，年營收的淨利率「（收入－支出）÷收入×100%」有多少？

淨利率每年都能夠達到至少 10% 嗎?年營收能夠每年出現 10% 的成長嗎？

如果以上兩項，都能夠連續十年達標，就可以算得上是優質公司（後面的章節我們會談到優質公司的股票的合理股價計算方法，其中判斷何謂優質公司的兩個條件就是營收淨利率跟年營收成長率各達 10%，且至少連續十年）。

假設您計算完之後發現還無法達標,此時可以做的事情,就是設法提高營收或減少支出。

可以提高營收的方法有很多，像是換份薪資更高的工作、找個兼差打工、用專長到市場上接案、寫書或經營自媒體，也可以經營網拍、代購、團購。由於本書並非提升個人變現能力方面的專業書籍，僅僅點到為止。對於增加營收有興趣的讀者，請見書末參考資料。

　　人生財務長在思考工作或職涯跑道轉換時，不妨用投資思維進行評估，像是思考該工作的長期潛力、風險與報酬、有沒有認股權或員工分紅配股，以及員工在公司的長期發展狀況。

　　更重要的是，別忘了檢視所投遞履歷之公司的資本效率，像是權益報酬率、資產報酬率、投入資本報酬率。

權益報酬率 (ROE)

此比例計算出公司普通股股東的投資報酬率，是上市公司盈利能力的重要指標。股東權益報酬率越高，代表公司為股東賺回的獲利越高。

公式：全年稅後淨利／期初和期末股東權益平均

資產報酬率 (ROA)

此指標用於衡量企業利用資產的經營效率。資產報酬率越高，代表整體資產賺回的獲利越高。

公式：[全年稅後淨利＋全年利息×(1－稅率)] / 期初和期末資產平均

投入資本報酬率 (ROC)

此指標用於衡量公司運用所有資本所獲經營成效。資本報酬率越高，表示公司利用資本的效率越高。

公式：盈餘 / 資本；資本＝固定資產＋流動資產－流動負債－現金

　　唯有一點需要提醒大家，若是要走提升營收的路線，通常會需要在未來一段時間內，編列學習新技能或研發新商業模式的花費，在公司會計帳方面屬於研發投資經費。我的建議是，初期盡量不要超過總體營收 5%，最理想的狀態是用業外收入賺得的利潤，投入提升收益率的研發或經營，不要動用本業收入太久。

　　另一條路，則是檢討目前的支出結構，找出可以降低支出比重的部分。

　　以個人來說，通常就是重新檢視食、衣、住、行、育、樂的支出，以消費降級為原則，減少非必要性支出。

　　消費降級的意思是，消費時，以比較低廉價格的同質性服務或商品，取代比較高價的版本。舉例來說，原本喝星巴克的朋友可以改喝便利超商咖啡，原本喝便利超商咖啡的朋友可以改喝耳掛式或即溶咖啡。原本每天一杯手搖飲的朋友，則不妨改喝茶包。

　　有很多支出只是消費慣性使然，實際上並非完全必要（例如電信費、交通費、餐飲費、治裝費、娛樂支出，還有俗稱為拿鐵因子的每日小額零錢支出）。只要花心思盤點，省下 10% 的支出並不會太難。

麥考米克提醒，想扮演好家庭或個人人生財務長，有十大任務：

任務	內涵
現金管理	確保資金充裕無虞，足以應付短期現金需求
資產負債管理	管理全家的資產與負債，在流動性、可容忍的風險和增值等互相競爭的需求中取得平衡
損益表管理	管理全家的現金收入與支出
家庭勞動決策與發展	管理與投資勞動的技能，確保銜接最佳就業機會
風險管理	透過有效的自我管理和第三方保險控管風險
管理創業投資	為家族提供事業資金，充實人力與財務資源
顧問管理	管理支援你的財務規劃需求的理財顧問、律師、不動產規劃師等專業人士
稅務與不動產規劃	制定、管理稅務與不動產計畫，盡量壓低負債
教育	教導家人擔任起家庭財務長的經驗談
接班人規劃	提供可供繼承人成長，並接任家庭財務長一職的環境，令家族生生不息

記帳，讓我們看清楚金錢流向背後的支出結構

已經有記帳習慣的人，不妨拿出帳目紀錄，進行歷時性的比對。先針對每個月都會出現起伏波動的變動成本，進行檢視。找出某些月分支出較高或較低的原因。檢討過後，給這些項目設下每月預算上、下限。接下來，幫自己安排得以確實省下支出的執行方案，再針對執行方案的可行性進行細部設計。

舉例來說，如果是原本習慣每天花 70 元購買便利商店早餐、50 元購買手搖飲的人。不妨改以在家自行準備早餐、喝茶包的方式，調降支出。前者可能每天平均支出降到 35 元，後者可能降到 10 元，兩相加減，每天可省下 75 元，一個月就可以省下 2250 元。

刪減固定支出的時候，因為牽扯到交易的摩擦成本、消費慣（惰）性還有品牌偏好，往往會讓人懶得處理，不想面對。但如果願意花一點時間來處理，便可以省下不少錢。

另外，除了住在家裡或擁有房屋，不需繳交房貸／房租

摩擦成本

當投資時，除了本身的價格外，還需要額外支付的費用和成本，例如交易費用、手續費、稅收和價差等。摩擦成本可能會減少利潤，並影響投資決策。

的人外，「居住」是大部分人的一項重大固定支出。

租屋者通常需要考慮要不要用通勤時間換取較低的租金支出。這個問題的答案因人而異，對於能夠善用通勤時間的人，搬離市中心，購買通勤月票，降低租屋成本（有時還能連帶降低飲食成本，住在郊區的伙食費相對於市區較便宜），是可以考慮的選項。

想要讓自己願意降低花費，跟我們一開始設定的重大財務目標有關。當我們更看重且希望實踐遠期的重大財務目標，就更願意在現在做出調整。

不過，雖然有意願，大多數人卻缺乏自我約束，可能一時衝動就花了不必要花的錢。因此，每天記帳、經常盤點自己的支出結構、找出非必要消費的衝動因子或環境因子，設法避開誘惑，幫自己設定中止衝動的暫停鍵，會有助於減少支出、提升儲蓄率。

想要變得富裕，十幾年甚至幾十年的勤勉儲蓄與正確投資，遠比認為自己能一夕暴富來的實際。

學學巴菲特，思考每一筆支出的長期機會成本與損益。

思考一下眼前這個花費是否真的必要？買了這樣東西，將導致這筆錢不能放入我們的投資項目，三十年下來的複利

效應,會讓我們少賺多少錢?

推估出來之後,如果覺得少賺這些錢是有必要的,這筆錢的長期複利效應不算被我們揮霍掉,並不是為了眼前的短期利益而放棄了長期利益,那麼就可以買。如若不然,不妨再等等。

通常一筆錢省下來,放到金融市場,數十年後,增長到原本的五到七倍並非難事。因此,簡單的估算方法就是,假設今天我花 1000 元買下這個東西,等於三十年後少了 7000 元資產。那麼,如果眼下這個東西需要花你 7000 元,你還願意買嗎?

消費降級是身為負責任的投資人必須謹守的大原則,以此對抗不知不覺的消費升級(有在留意財經類訊息的朋友可能會發現,某些投資達人的穿著其實很素樸,那是因為他們把所有能夠省下來拿去投資的錢都省下來了,不會把錢花在沒有絕對必要的地方)。

心理學者研究發現,消費升級的愉悅感,很快就會被享樂跑步機效應抵銷。消費升級帶來的滿意度,在三個月或半

享樂跑步機效應

也稱為享樂適應性。當人類發生重大的積極或消極事件或生活變化,仍會迅速返回相對穩定的幸福水平。根據這個理論,當一個人賺更多的錢時,期望和欲望會隨之上升,這不會帶來永久的幸福感。

定時定額	每月	30000			
年期	30	每年	4.0%	6.0%	8.0%
	1	360000	1167623	2067657	3622556
	2	360000	1122715	1950620	3354219
	3	360000	1079533	1840207	3105758
	4	360000	1038013	1736045	2875702
	5	360000	998089	1637778	2662687
	6	360000	959701	1545073	2465451
	7	360000	922789	1457616	2282825
	8	360000	887298	1375110	2113727
	9	360000	853171	1297273	1957155
	10	360000	820357	1223843	1812180
	11	360000	788804	1154569	1677945
	12	360000	758466	1089216	1553652
	13	360000	729294	1027562	1438567
	14	360000	701244	969398	1332006
	15	360000	674273	914527	1233339

	16	360000	648340	862761	1233339
	17	360000	623404	813925	1057390
	18	360000	599426	767854	979065
	19	360000	576372	724391	906541
	20	360000	554203	683387	839390
	21	360000	532888	644705	777213
	22	360000	512392	608212	719642
	23	360000	492685	573785	666335
	24	360000	473735	541307	616977
	25	360000	455515	510667	571275
	26	360000	437995	481761	528958
	27	360000	421149	454492	489776
	28	360000	404951	428766	453496
	29	360000	389376	404496	419904
	30	360000	374400	381600	388800
	總計	7200000	20998201	30168604	44044512
			192%	319%	512%

圖 4-1　每天 1000 元，三十年不同報酬率複利

年後就會逐漸消失。而且，當消費升級成習慣後，要想主動降級就很難了。

存錢的觀念應該要優先於投資，因為得先存錢，存夠了錢，再來投資。

記帳，幫助我們看清楚自己的金錢流向。有多少是不必要的支出，乃至是實質負債？幫助我們想清楚自己人生中真正重要的事情有哪些？需要多少花費？是否真的無法避免因衝動或誘惑而揮霍金錢？

模仿我們心目中理想人士的生活型態，經常是造成太多非必要支出的原因。好比說，我們心中認為成功人士都至少開雙B，因此自己也想買一輛來開。就算買不起新車，也要買一輛中古的。甚至反向告訴自己，中古的名車很划算，花不了多少錢卻比其他車款好。

並不是說不能買好一點的車，而是這到底是自欺欺人的自我合理化，還是真的能夠幫自己提升收益、降低虧損，只有誠實面對自己才能得出答案。

不過有一點核心原則我認為很重要，那就是，還沒存到足夠的生存準備金與第一桶金的朋友，那些貌似正當的花錢理由，大多數都是對自己的非必要消費找藉口，造成自己原

本可以用於投資、透過複利效應創造龐大收益的機會成本的
浪費。

趕快存到第一桶金

巴菲特為什麼如此有錢？一般人認為，那是因為他很會
投資。

這固然也是正確答案，不過，更關鍵的是，他從很早很
早就開始進行投資（巴菲特 11 歲就開始投資了），且此後數
十年不曾中斷。在這段時間內，他都嚴以律己，減少支出（相
對於他的身價），將所有可以用來投資的錢都放在投資上，資
金從不退出金融市場，而且幾乎不曾蒙受系統性災難衝擊，
避開了好幾次衰退與泡沫化，充分享受了金融市場的複利效
應。

據說，巴菲特 55 歲擁有的資產，僅只現在（2023 年，
93 歲）的 1%，也就是說，他後來之所以能夠變成超級投資
達人、投資界的首富，是因為他充分的享受金融市場的複利
效應，在金融市場中待得夠久。

能夠盡早存夠第一桶金進場投資的人，就能贏得比其他

人更多的時間，享受更多的複利效應。

投資金融市場，就是加入全球經濟市場。二戰後到今天，將近八十年時間，全球經濟成長多少倍，金融市場就反映多少。錯過投資，等於是放棄搭上經濟成長列車，不是很可惜嗎？

趕快存夠自己的第一桶金吧！

至於第一桶金的具體金額是多少？二十年前大概準備 30 萬元新台幣就夠了，現在的話，最好能夠存到 100 萬元，如果沒有那麼多，至少也應該存 50～60 萬元。

不過，也不是要您真的存到第一桶金才能進場。存下第一桶金有幾個意義：

第一，有足夠的資本，才能夠在日後的投資布局有較為靈活的展開，不會出現看好某投資標的卻沒有資金可以買入的窘境。

第二，本金大，利滾利的複利效應或投資報酬率才會好。雖然定期定額買入零股，化零為整也是一種作法，不過，日後您會發現，投資績效要能出現明顯的成果，也是要等到本金的金額跨過第一桶金的門檻後才會發生。

在存夠第一桶金之前，請花時間建立正確的財務規劃觀

念，學習金融投資相關的各項知識，瞭解金融商品的買賣成本、法規、獲利模式，建構自己的投資模型或投資哲學，找到自己可信的投資情報來源。

若還沒有任何投資績效，單靠勞動薪資的儲蓄，存第一桶金需要一點時間，這一段時間能夠學習多少金融財務知識、能否找到適合自己的投資模型，將是未來能否如巴菲特般享受長期複利效應的成敗關鍵。

投資，絕不是有閒錢就能做的事情。有閒錢只是賠了不傷及本業或不衝擊原本生活而已，比閒錢更重要的是投資的觀念、心法與技術的鍛鍊與內化，以及投資思維與投資體質的養成。

我會建議，一邊儲存第一桶金的同時，先拿出一小部分錢，例如 3 萬元，在金融市場上進行各項投資工具測試，例如定期定額購買零股。

試著花一點錢，實際持有一些金融商品，體察並記錄下自己身處金融市場，看著價格、帳面數字起伏變動時內心的感受。

原本就有記帳習慣的人，此時可以開始撰寫投資日誌，記錄你購入或觀察的金融商品每天的價格波動。

　　雖然現在有很多數位工具可以協助你取得金融商品的資料，但是，我個人建議是，進入投資市場初期，在各項數據實際內化成為身體一部分，習慣波動且了然於心之前，手寫記錄每天觀察的金融商品價格數據的波動，寫下每天的投資日誌，是非常重要的一環（手寫紀錄勝過直接看數位圖表的地方在於，能用身體培養出一種理解波動的手感。不過，這僅是個人建議）。

　　投資，是超長期的人生任務，將會跟隨你一生之久，直到人生的最後，不僅僅是今天進場下個月獲利了結出場。

　　因此，若每天花一點時間觀看、思考、紀錄與投資有關之事，將這些內化成生活作息的一部分，因應大環境波動衡量是否調整、再平衡資產配置，並建立起紀律與習慣，長期來說，你將成為那位能夠在金融市場中笑到最後的人！

課後練習

• 請從資產報酬率的角度思考，是否值得？

一、買新車：先評估共享汽車、租車、計程車／Uber、
　　大眾運輸工具、機車、二手車等替代方案後再決定。

二、買錶：3 萬元的勞力士？還是 50 萬元的勞力士？

三、買皮鞋：3000 元的品牌機能鞋？還是 1 萬元的名牌
　　入門款？5 萬元的手工訂製鞋？

• 製作個人／家庭資產負債表

根據下列表格提示項目，填入你各項項目的實際金額或
說明，若沒有的就空下不寫。

個人其實也能夠活用損益表、資產負債表、現金流量表，
將資產可視化，做好個人財務管理。

資　　産		負　　債	
流動資產	• 現金、存款 • 應收帳款 • 商品 • 墊付款 • 時間資本、信用資本、健康資本、人脈資本、文化資本	流動負債	• 應付帳款 • 短期借款 • 預收款 • 稅金
固定資產	• 有形資產（房產、汽車、土地、設備、股票、保險、珠寶、首飾、貴金屬等） • 無形資產（軟體、版權、專利、數位收益（如：Google Ads）、人力資本）	固定負債	• 長期借款
		淨資產	• 資本金 • 存留收益
收　　入		支出／費用	
• 薪水 • 獎金 • 副業兼差 • 投資 • 繼承 • 股息股利 • 房租		• 食品 • 居住 • 交通 • 服裝 • 醫藥 • 保險 • 教育 • 娛樂 • 稅金	

第五章

認識投資與投資工具

生活在資本主義社會，投資其實是內化到每個人生活中的一種行為決策模式。

試想，為什麼許多人擠破頭也要考進頂大或熱門科系，乃至出國留學？除了少數人是為了興趣，大部分人都是希望出社會後能夠找到長期領取高薪的工作，或進入有保障的大企業。核心原則是，教育有助於累積人力資本與文化資本，因此，教育成了人們對未來生活保障的一種投資。我們透過教育投資自己的賺錢能力、提升自己身為人力資本的價值。

再好比說，出社會要廣結善緣、在學校要多交朋友，都是為了建立人脈。為的是在將來有需要時，能夠派得上用場，社會學稱此為社會資本（實際上，不少人找工作或轉職，都是靠跟自己不熟的人，社會學稱之為「弱連結」的人脈）。

社會資本，幫助我們在社會生活站穩腳步、越活越好。

在商場上與人結交，當然也是一種投資行為，說穿了跟企業購買廠房設備、聘請人員來公司上班的目的一樣，為的是建立能夠獲利的系統、讓系統可以自動化運作等。這些行為其實都是投資，而且是許許多多生活在資本主義社會中的人正在做的事情。

金融投資，就是透過持有金融商品，參與國家的經濟發

展。然而，為什麼有人覺得應該投資教育、投資人脈，甚至投資開公司，卻不願意從事金融投資呢？放棄金融投資，等於是放棄參與國家經濟發展，不覺得很可惜嗎？

台股問世四十餘年來，雖有起伏波動，然而總體市值持續成長，加入台股的企業越來越多，且不乏國際級大公司。台股在某種程度上來說，就是台灣經濟成長的具現化，購買股票，就是參與台灣的經濟發展。

那麼，為什麼使用金融工具、在金融市場上投資、創造收益，讓許多人望而生畏呢？

在我看來，可能是害怕賠錢、被騙、被割、被坑殺，然後血本無歸。也可能認為金融業沒有實際產出，只不過是左手賣右手，做掮客生意，因而心生不屑為之的情緒感受使然。

會害怕很正常，的確有一些人在金融市場吃了虧、賠了錢，不過那些並非不能避免，只要認真學習投資相關的知識、搞懂投資的原理、知道如何挑選投資標的、設定買賣停損停利點，並建立自己的投資組合，不躁進、按照紀律操作，投資會成為你人生最好的朋友，幫助你創造獲利。

金融業，雖然可能有害群之馬，也可能有因錯判而造成市場劇烈波動的情況。但是金融業的存在整體來說讓市場更

容易集資與借貸，讓商業活動更加活絡，減少了人與人之間的交易成本支出，更確保大部分人在市場上的交易能順利完成、不被坑騙，有其存在價值。

我們應該做的，不是完全不參與，而是鑑別出值得信賴的好公司與投資標的，審慎而積極的參與金融市場。

千萬不要因為害怕失敗而不開始財務規劃與投資，越早開始，容錯能力與修正機會就越大。

而另一個讓人怯於啟動投資的原因，是因為在投資的一開始，獲利相對於投入的本金與精神不成比例。

複利效應雖然美好，年化報酬率 10% 雖然也已經很不錯，然而，投入 100 萬元，第一年也不過增加 10 萬元，第二年也只再增加 11 萬元，真要等到能夠翻倍，然後快速飛轉，是五到十年後的事情。

在追求速度與短期滿足的時代，要人等上五到十年，才能讓資產翻倍，有些人可能會覺得，那我還不如努力賺錢。

除了沒有錢可以投資之外，一鳥在手勝過百鳥在林，人多半會有肯定現狀偏誤，放棄長期潛在利益而選擇當下滿足，

肯定現狀偏誤

意指即使改變可以獲得更好的結果，我們也會因為害怕改變帶來的風險，傾向維持現狀。人們往往喜歡事情保持不變，即使改變是有益的。

拒絕為了未來獲利而長期忍耐，也可能是人們放棄進入金融投資領域的原因。

放進金融市場的錢，就不能再拿出來，要一直等到設定的績效目標滿足才能動用。讓一個人看著自己的資產從 100 萬元成長到 200 萬元甚至 300 萬元，卻完全不能動，日常生活還是得維持跟過往一樣的水準，對不少人來說，也是種巨大的挑戰。

這大概是為什麼許多投資理財達人的書都循循勸戒應當及早投資、長期投資，卻仍然有不少人寧願將錢花在當下享樂，而不願意賺取長期報酬的原因吧？

畢竟，現在花掉的 100 元，雖然數十年後可以變成 700 元甚至更多，但是，我們無法得知數十年後自己是否仍在世，或者數十年後的 700 元是否一定比現在的 100 元有價值。因而認為與其為了長遠將來的不確定性獲利帶來的滿足，還不如現在確定的滿足。

一個人要怎麼活，他人很難干涉或改變，即使是伊索寓言中，那種今朝有酒今朝醉的蚱蜢型人類，我們也應該尊重。不過，如果是懂得未雨綢繆重要性的人，多少都知道要準備存糧以防不時之需。而且過去一百多年來的歷史證明，即便

經歷熊市波動修正，長期來說，參與金融投資仍是非常好的選擇。

投資，其實不是一個人的事情，不要一個人埋頭苦幹，不妨找信得過的人討論，組織盟友、共學團，大家一起學習、分享有無、截長補短。重要的是，彼此支持打氣，撐過那段冷落蕭條的孤獨路。

關於投資，一開始人們需要的不是專業理財顧問或基金經理人，而是心理諮商師、個人投資教練或人生導師。藉由他們的幫助先解開關於財務規劃的心結、瞭解自己的風險承受能力與性格傾向。因為真正讓人賠錢的，往往未必是專業知識或技術能力的欠缺，而是對投資的認知以及個人情緒的穩定性。接下來，還要建立「投資能夠改善人生」的信念。

投資是一場漫長的馬拉松，若您決定要開始投資，千萬要記得：不要靠直覺、不要聽信明牌、小道消息或貪圖打敗大盤。而是要好好做功課，懂得追隨市場、看清市場波動趨勢變化、瞭解企業營運手法。找到適合的投資標的後，在合理的價格買進，並做好長期投入的覺悟。

熊市

長期呈現下跌趨勢的市場。

認識常用的投資工具

◎現金存款

本國法幣（法定貨幣），在台灣是新台幣，可用於交易、購物、繳稅，是現代社會生活的好幫手。

現金也是一種金融工具，對於手上的現金，較理想的處理方式不是放在自己家裡，而是拿去存在銀行。因為無論活存還是定存，每年都會孳生利息。

關於現金存款，我建議生活支出用的帳戶，活存三到六個月左右的生活支出金額，另外再定存三到六個月的生活支出金額。

假設一個月的家庭固定開支是 10 萬元 ，那就是活存放 30～60 萬元，定存 30～60 萬元。

活存與定存的意義重大，能避免自己購入的金融商品被迫在低於自己目標價格或獲利水準的情況下賣出(詳細說明，請見第六章)。

◎保險

保險的主要功用是風險分散、防範未然，避免因意外事故造成財務上不可挽回的損失，是一項有效控制風險所造成的損失的方法。根據維基百科的定義，保險是種風險管理方式，主要用於經濟損失的風險規避。

而保險的精神是，一人有難，大家平攤。透過平時繳納一筆費用，將一個實體潛在的風險，轉嫁給一個實體的集合，令其平均分攤。現代的保險則是以貨幣形式補償受風險衝擊的人。

在傳統社會安全網逐漸瓦解失效的時代，個人購買商業保險有其必要性，是現代生活不可迴避的一環。

有鑑於人們永遠會處於某種不確定性，沒有人能夠知道未來將發生的所有事情，因此我們需要保險來協助我們避險，規避因未知而產生的不安與焦慮。一個人需要多少保險，端視他對未來的不確定性感到焦慮或不安的程度，而非實際的財力。

保險形式各種各樣，各有巧妙不同。不過，本質上來說，

無論什麼樣名目或主題的保險，大體上都是承保單位幫要保人開一個帳戶，將保費入帳戶後，以此筆金錢進行投資，再將應獲得的分潤放入此一帳戶中，待將來出現符合申請理賠資格時，再由此一帳戶支付約定好的貨幣金額。

每個人之所以僅需繳納些許保費，就能獲得相對優渥的保障，乃是因為承保單位向市場募集了許多投保人，團結力量大的情況下，繳納的資金可以成為創造巨額報酬的資本。

基本上，每個人投保的保單，有其淨值。若不清楚自己保單的淨值，不妨詢問保險公司。

各種具體的保單所保障之項目與必要性，在此不多作介紹，有興趣深入瞭解的朋友，不妨利用免費的保單線上資料庫，或者找在這一行的時間夠久、 服務的客戶

保險商品資料庫

夠多，且自己覺得信得過的保險經紀人洽問詳情。

附帶一點，雖然許多投資達人都認為，購買儲蓄險很不划算，是白送手續費與獲利能力給保險公司。不過，如果是欠缺存錢紀律，又需要存下人生第一桶金的人，可以根據自己的實際情況，酌情使用。如果是愛花錢、真的無法自己主動存錢的人，不如把購買儲蓄險當購物消費支出看待，買了

可以賺一點利息跟保障，勝過錢花掉後什麼都沒留下。

◎股票

股票就是企業的所有權，擁有某企業的股票，代表擁有該企業一部分的所有權。而只要企業存活下去，就會持續產生盈餘（或虧損）。

股票的價值，是將該企業未來所創造出的所有盈餘，換算成現值後得出的數字。也就是說，投資股票，其實是預估未來盈餘的遊戲。

股票的（理論）價格＝每股盈餘÷折現率（股利折現模型）

若每股盈餘為 1 萬元，折現率為 10%，股票的理論價格為 10 萬元。

每股盈餘越多，股價越高，越少則越低。

折現率越小則股價越高，折現率越大則股價越低。

折現率
將未來的現金流折算成現值的比率，用以評估一項投資是否能獲利。

股利折現模型
把預期將來派發的股息換算成現值，將股息的淨現值相加即為該股票的合理價值。

關於股票市場

市場修正回檔，平均來說，每年會出現至少一次。

所有的修正回檔中，轉變為熊市（下跌 20%）的比例，不超過 20%，也就是五次中有一次修正回檔為熊市。大致上來說，每隔三到五年就會出現一次。因此，熊市也屬於市場常態的一部分，只要事先做好準備，並不需要特別驚慌，更不需要恐慌而賣出，因為熊市會再轉為牛市，悲觀會再轉為樂觀，甚至在很短的時間裡就會完成此一轉變。

雖然市場上很多人宣稱自己可以，然而，沒有人真的能夠準確地預測市場漲跌，至少每一次都精準預測是不可能的事情。

儘管股票市場可能出現不少短期下跌，但是，以超長期來說，股票市場是持續上漲的。以台灣來說，股票市場四十年來，就是呈現持續上漲的趨勢。我們之所以投資股票市場，

修正回檔
價格在上升趨勢中暫時的回落調整現象，相對最高價格在 20% 以內。

牛市
長期呈現上漲趨勢的市場。

87

不是著眼於今天，而是明天／未來。

投資股票最大的風險，就是貿然出脫持股，退出股票市場。其次的風險，是股票市場中的騙子，還有想賺你的手續費而拼命鼓勵你買進／賣出股票的人或組織。《黑天鵝效應》的作者塔雷伯曾說，若非要選擇投資顧問，有個方法可以參考：問看看他實際持有什麼股票，而非只聽他推薦股票。

「壞消息」其實是投資人的好朋友，沒有修正回檔，要怎麼觸底反彈呢？關於投資，最重要的不是現實如何，而是我們對現實的信念與解讀。

投資股票最常見的錯誤，是在有「確認偏誤」的情況下，錯判市場訊號。例如，把最近發生的短期事件，誤以為是長期趨勢而做出改變持股的決定。

投資是漫長的旅程，不需要孤注一擲，要學習穩扎穩打，慢慢來比較快。

不要只是成天待在家裡盯著螢幕看股市行情、在網路上看虛實不一的股市分析。不妨多出門見世面，觀察現實生活中公司實際上的運作情況，找用戶或體驗者見面聊天，擴大消息來源的管道，透過交叉驗證，找到可能可用的投資資訊。

實際上，專業投資人更看重的是建立可信度高的資訊來

源管道,讓自己能夠比市場更早一步獲得可信度高的資訊,早一步做出投資判斷。

股息與股利

　　長期持有股票的投資人當中,有一派是看中股票每年都會分紅配股,於是,其投資策略則是有閒錢就買進績優股,長期持有,每年等著分紅配股,拿股利出來花,股票不動。存股族也因此出現,存股投資法的目的,則是看準了每年配息,甚至有些人會專門挑選高配息的股票購買。

　　購買高配息的股票當然是一種投資方法,唯有要小心不是本業賺錢而發股息,而是寧可借錢也要發股息的公司,後者盡量不要碰!

股息
公司盈餘用股票配發。

股利
公司盈餘用現金配發。

配股
公司盈餘配發股票。

配息
公司盈餘配發現金。

可否領股息出來花？

如果已經到了退休年紀，投資累積的資產夠雄厚，只要領股利就可以支應日常生活開銷，那當然很棒。到了享受投資成果的階段，領股利或變賣股息所得來花用，完全沒問題。

但是，如果還在累積資產規模的階段，完全不建議讓股利或股息中途離場，可以把股利再轉買入公司的股票，或是另外尋覓投資標的，總之，不要讓累積中的資產，中途離場。

還在累積資產階段的投資人，購買配股的股票比配息的股票好；已經可以享受投資成果的投資人，則兩者皆宜，能繼續持有能夠幫您賺錢的好公司，不需出脫持股才是最重要的事。

而說到股票配息，不得不提醒，有些投資人選股時似乎很迷戀找尋高配息的股票或基金。認為可以定期分紅領現金，有還本的感覺，很超值。甚至有一些存股族，專挑高配息股票，將配息當年金收入，用作養老。

就如同很多理財專員所說，能夠還本的儲蓄險總是比較好賣，即便提前還本造成本金減少、總報酬率下降，人們還

是很喜歡可以先拿到一部分錢的感覺。

但是，迷戀高配息股票其實很危險。

例如有些公司的本業其實已經不行了，但是知道市場上有投資人熱愛高配息的股票，就去借錢來配息，以留住股票，直到撐不住，公司垮掉，投資人血本無歸。

投資人如果因為過度關注配息，忽略了股價與淨值的下跌，沒考慮到那些配息是怎麼來的，最後雖然賺了配息，但是賠了價差，那就得不償失了！

另外，一些積極追逐高利率的外幣定存，某種程度也是因為高收益的心態影響。然而，卻忽略了外幣的波動風險。好比說曾經高配息的南非幣，就是典型的賺了配息賠上價差。

身為一個投資人，特別是為了退休生活準備金而投資的人，最應該關心的不是一時的配息高低，而是「總報酬率」（總報酬率 = 本金漲跌 + 配息），總報酬率高的投資標的才是好金融商品，只有高配息但卻造成本金嚴重虧損的，請務必遠離！

當然，如果配息高，本金也會漲，那是再好不過的狀態。不過，請務必將所配得的現金收益，全部再投入購買金融資產，切莫中途離場。

這些年很流行的 FIRE，將年化報酬率設定在 4%，也是從「多元資產＋比例配置」（第十二章談投資組合時會再詳細介紹）的穩定成長的總報酬中去賺取（變賣）那 4% 報酬，而非關注找到配息穩定的投資標的。

抽股票

抽股票，又稱股票抽籤，正式名稱是股票申購，指的是新上市上櫃公司股票抽籤，也就是首次公開發行股票的抽籤。而已經上市上櫃的公司，若辦理現金增資時也以抽籤方式進行，此時也會抽股票。這是不少長期投資的朋友，都默默在做的一件事情。

雖然抽中的股票脫手後未必都能賺錢，不過，賺錢的機率還是比較大。因此在台灣，不少家裡有長期投資習慣的人，常常是全家一起抽股票，子女耳濡目染，長大後第一個持續做的投資就是抽股票。

台灣的法規規定，新上市上櫃或辦理現金增資的公司，必須挪出一定比例的股份開放給民眾申購，再交由證券交易所的電腦系統隨機抽選，由於通常申購者多而獲選者少，因而被人暱稱為抽股票。

一般來說，抽中股票的申購價格，會低於上市價格。若沒有碰到特殊情況，在上市第一天就脫手的話，獲利機率極高。這也是為什麼市場上有一些人很熱衷抽股票。

想知道如何公開申購，以及有哪些公司的股票可以抽，可以上台灣證券交易所的抽籤日程表查詢。

台灣證券交易所抽籤日程表

抽一次股票，成本只有 20 元手續費。若是抽中，也只要再付一筆 50 元的承銷費 。 因為變現後的獲利遠超過申購成本，所以深受特定股民們喜愛。

想參加抽股票的朋友 ， 必須持有台灣證券戶 （台股帳戶），用自己的證券戶參與抽籤。並在參加後、抽籤日前，存入足夠扣款的金額（須包含手續費與承銷費）。若未中籤，20 元手續費不會退還。若中籤，股票則會撥入原申購的集保帳戶，撥券當日即能販售。

要注意的是，一個身分證字號在同一次抽籤中只能抽一次，且一個人最多只能抽中一張股票（一千股），相當公平。

早年市場上有一些投資人，特別熱愛抽股票，會集資並

找人頭戶來參與抽籤，現在已經比較少了，最多就是家人一起抽。

　　將抽股票作為進入金融市場的入門，是個不錯的選擇。特別適合還在存第一桶金，已經累積了一點資金，但還沒準備好進入市場展開布局，又想嘗試一下股票投資的朋友。如果運氣好一點，還能每年幫自己增加一些投資報酬率。

◎債券

　　當投資債券時，就是將錢借給發行債券的企業或政府機構以獲取固定收益率。從這層面來說，是法律意義上的「借據」。

　　債券因為預期報酬有限，不建議持有過高的比例，但建議一定要持有，因為當我們的投資組合中有債券時，可以降低總資產的波動風險，減緩股票的劇烈漲跌。

　　如上所述，年輕人、風險承受度高，或追求資產能夠快速飆漲的人，債券比例可以低一點。年紀漸長後，投資布局轉趨保守或只想打造穩健收益的被動收入系統的投資人，比例就可以高一點了。

◎外匯

匯率經常來回波動，很難創造高額收益。因此資產不到 3000 萬元新台幣前，資產配置裡可以不需要特別考慮外匯。就算持有，也不宜超過總資產的 5%（如果想要提高報酬而頻繁進出或槓桿保證金交易，反而可能會虧損更多）。當然，個人外匯存底也一定是不需要動用的閒錢。

若是為了退休目的而規劃的投資，我並不建議資產配置裡持有太多外幣。那麼，為什麼還要存個人外匯存底呢？

關於外匯，以下是根據對大部分人真實生活需求的觀察所提供的操作建議。

首先，去銀行開個外幣戶頭，方便買賣外幣。

其次，選定幾個主要國家。最好是未來您打算在該國置產，或定期會前往該國旅遊或居住的國家（也就是你會使用該國貨幣在該國消費或投資）。

第三，這幾個國家最好都跟台灣有密切的經貿關係，且發行自己的主權貨幣。例如：人民幣、美金、日幣、歐元、英鎊、泰銖等（對於前面提及容易賺了配息賠上價差的南非

槓桿保證金交易
投資前存入一筆小金額作為交易幾倍大規模總額的保證金。

幣千萬小心）。

第四，根據當地物價水準，設定你覺得買入該國貨幣後，在該國購物、消費時，感覺上會很划算的兌換區間水準。

爾後當你預計購買的外幣，匯率抵達你所設定的水位，就分批進場購買。將來如果漲到一定水準，可以分批出脫、賺取匯差。

關注外匯更重要的意義是，瞭解該國的經貿水準與貨幣政策，只要是經貿發達且主權健在的國家，趁利率相對低檔買入並持有，高檔時出脫，在一定金額比例區間內來回操作，有價差就賺一波，沒有就當存出國旅遊基金，對自己來說不會有虧損感，屬於長期持有的佛系投資法。

不少銀行會用短期高利息吸引外幣定存，如果資產配置就是想放一點外幣，剛好也碰到相對低點，不會需要急著出脫變現，買一點放定存也是不錯的安排。

但無論如何，以退休為目的的財務規劃，外幣都不會是資產配置的主力。

◎黃金

　　除非黃金未來能夠回到 2000 年前後的價位 （每盎司約 250 美元），否則不建議大量持有黃金。如果非要持有黃金，建議最多不要超過資產配置的 5%。

　　如今投資人很少真的持有實體黃金，都是透過銀行的黃金帳戶持有黃金，進行高低價差的套利交易。真的長期持有實體黃金，是高資產人士才需要做的避險行為，也可能占不到總資產的 1%。

　　雖然投資領域中一直存在認為黃金會持續上漲的人，甚至有人宣稱未來會漲到每盎司 1 萬元美金。但是，如今的黃金並不能直接用來在市場上購物，還是得兌換成法幣才能使用。

　　高估黃金市價背後的原因，是希望有一天能重返金本位制，相信世界上的所有資產都應該跟黃金對準，由黃金背書資產的價值。

　　然而，資本主義社會已經朝法幣乃至虛擬幣的世界奔去，黃金雖然還是持續會有人購入並持有，但是，其功能、價值

跟意義，與過往人類歷史已經大不相同。已經很少人會將黃金視為主要的資產配置，巴菲特更認為黃金毫無實際生產能力，也就是無法自行孳息，只能靠與法幣的對價之漲跌來套利，長期來說收益有限。

◎期貨

期貨是用現在的價格購買未來的商品，但由於購買契約簽訂時，離未來真正要兌換商品還有一段時間，所以這中間的價差波動就是買賣雙方自己承擔的。

對於一般投資人來說，特別是為了老後生活準備而投資理財的投資人來說，面對期貨，我只有一個建議，那就是絕對不要碰，不要將期貨放進資產配置中。

真正能從期貨賺錢的，只有期貨交易商，他們賺的是期貨交易的手續費。

其次則是那些能夠使用高頻交易系統 （交易系統的一種），撰寫投資買賣程式，有人出資而非花自己的錢，又按表操課的投資團隊。

期貨要出現夠大的帳面利潤，往往需要夠大的本金或高

槓桿操作,而期貨的高槓桿很可能讓您賺十年累積的利潤,在一夕之間蒸發。因此,非常不建議一般投資人購買或持有期貨。

與其買賣期貨,還不如好好研究股票,就連持有債券或黃金都比期貨好!當然,那些以期貨買賣交易建立的基金,也不建議購買或持有(其他但凡會出現衍生性金融商品一詞的投資工具,舉凡需要高槓桿才能獲利的金融商品,也最好都忽略跳過,不要買賣或持有)。

◎大宗商品

通常指能被廣泛用做工業基礎原料的商品,且在合法的商品交易所內進行交易,大致上區分成能源、農產或金屬礦產三大類,例如,石油、天然氣、小麥、牛肉、黃金、白金等,都隸屬於大宗商品。

大宗商品又可分為現貨與期貨市場兩大類。現貨市場指的是立即交割現貨的大宗商品,期貨市場則是約定好在未來某個時間點交割的大宗商品。

衍生性金融商品
特殊類別買賣的金融商品統稱,例如期貨、選擇權、遠期契約、交換交易及差價合約等。

　　大宗商品因為受到天氣與景氣循環的影響極大，是一般投資人不宜碰觸的投資工具。因為氣候難以預測，所以與大宗商品相關的基金，不管主動還是被動、手續費高或低、基金經理人過去績效多好、基金品牌有多大、持有資產有多高，都不宜持有。

　　對一般投資人來說，可以確實穩健創造高額獲利，又能長期持有的金融工具還有很多，不用碰高風險且一般人難以明確瞭解其運作邏輯的衍伸性金融商品。

◎基金、ETF

　　基金的運作方式是，集結投資人的資金，交由專業基金經理人管理、代操，再依擬定的交易策略，將資金分配到所選定之投資標的（如股票、債券、期貨等），一來團結力量大，小額資金就能開始投資，二來分散風險，提高獲利率。

　　一般來說，基金按照管理方式，又可分為主動式基金與被動式基金兩大類型。

代操
委託他人代為操作資金，並就獲利部分分潤。

主動式基金

將從市場募集到的資金，交由專業基金經理人積極主動挑選投資標的，決定進出場時機，目標是追求打敗大盤、創造優於整體市場的高投資報酬率。

市場上大部分的共同基金，都屬於主動式基金。通常有專門研究團隊或分析師提供分析報告，再根據報告作出投資判斷。

然而，主動式基金的管理費、交易手續費的費率較高（因為基金的進出買賣次數頻繁），如果賺錢，要給投資團隊分紅，就算沒賺錢也還是得繳管理費與手續費。

長期來說，這會吞噬投資人的利潤，讓複利效應變差。為了說明此一論點，不少作品都會詳細計算，甚至有一本書《客戶的遊艇在哪裡？》（小弗雷德·史維德）還嘲諷了這樣的現象。

讓我們來看一下，管理費造成的實質投資獲利差異：

共同基金
一群投資人集合資金後交由專業投資機構操盤，除共同分享利潤外也共同承擔風險的投資工具。

| 本金 10 萬元，年收益 7%，投資三十年 ||
管理費（每年）	最後的收益
3%	324340 元
2%	432194 元
1%	574349 元

結果顯示，過高的基金管理成本，等於將未來潛在收益奉送給基金經理人（如果打算持有主動式基金，請務必弄清楚實際持有成本，盡量挑選低手續費、管理費及分潤，且投資績效好的基金）。

雖然如此，實務上來說，市面上主動式基金的數量，還是遠勝被動式基金（關於被動式基金的說明，在下一個部分有詳細敘述）。

以台灣為例，根據投信投顧公會的資料，截至 2023 年 9 月底，台灣的主動式基金共有七百八十七檔，而被動式基金（含指數型基金與 ETF 連結基金）卻只有兩百零八檔。

為什麼主動式基金的持有成本比較高，不少專家達人積極呼籲最好把錢放在被動式基金，卻還是吸引大多數投資人的青睞？我猜想，大概有以下原因：

1. 投資人的慣性或惰性

　　主動式基金問世已久，不少投資人，特別是忙於工作沒時間研究金融市場與投資工具的投資人，可能從年輕時就定期定額購買主動式基金，習慣使然，就一直持有下去。

2.主動式基金的行銷推廣策略

　　定期定額、一個月 3000 元也能投資，信用卡就能扣款等，輕鬆無負擔的購買與持有方式，讓投資人忽略其潛藏成本，將購買基金當成存錢，內化成習慣。

3.長期持有，績效為正

　　雖然從數據上來看，被動式基金的長期投資績效比較好，不過，也不代表主動式基金的投資績效都很差。只要選對進場時機，持有時間夠長，還是能夠累積收益。除此之外，再加上被倖存者偏差影響的結果，對於不太想搞懂複雜金融投資工具，只想看到資金收益成長的投資人來說，主動式基金雖然不是最優的投資標的，但也還是值得持有。

4.專人服務

　　主動式基金會有專人服務投資人，定期跟投資人報告或噓寒問暖，一些投資人更在乎的是人與人之間的連結，未必是獲利率，因而將部分資產放在主動式基金，並非不能理解之事。畢竟人並非完全理性、只追求效率極大化的物種，也

很在乎情感連結與被人禮遇對待的舒適感。

5.靈活度較高

雖然主動式基金的持有成本較高，但相對於被動式基金有個優點，那就是更換投資標的的靈活性較高。雖然靈活更動投資標的，未必就能創造高收益。

基本上，若將部分資金配置在主動式基金，作為分散風險的資產配置，也未嘗不可。只要選擇信譽佳、口碑好，長期投資績效不算差的主動式基金，對於真的忙到沒時間關心金融市場變化的人來說，是不錯的選擇。

某種程度上，管理費等同於支付了聘請投資顧問的費用，如果你的負責窗口夠優秀，不會只是跟你推銷基金，而是能夠客觀地剖析市場情勢，給予建議，甚至跟您分享金融市場的資訊，提供客觀可信的解析的話。

主動式基金的申購管道，除了國內各銀行、證券商或保險公司外，還有基富通、鉅亨買基金、中租投顧三大平台系統。或者也可以直接透過網路在國外券商開戶買賣 ETF。

被動式基金

指數型基金或指數股票型基金（俗稱的 ETF），是市場上常見的被動式基金商品。相對於主動式基金以打敗整體市場為目標，被動式基金的投資目標則是複製大盤績效，也就是追求貼近整體市場（通常以各國的加權指數為依歸）的投資績效。

被動式基金，通常是由管理團隊事先選定某個市場的大盤指數，追蹤該指數的組成成分，選擇能夠貼近甚至完全複製該指數走勢的投資標的，買入並長期持有（如果大盤剔除了某些成分股，被動式基金通常也會跟著調整，除此之外，基本上不太更動投資標的），以求貼近大盤的績效。

被動式基金的原理，是一般人難以打敗大盤，就算是專業經理人也一樣。但是，投資不一定要追求打敗大盤的卓越績效，只要能夠貼近或複製大盤績效，長期來說，仍然會有

加權指數
將欲計算的上市公司的市值除以整體上市公司市值的總和，得出該公司在指數中所占的權重。

成分股
指在計算股票指數時被選用的股票，通常會是股票市場中的重要股票。

很不錯的報酬。

那麼，如果我們能從大盤中挑出足以影響或決定大盤主要走勢的成分股，複製一份能跟隨大盤走勢的投資組合，不就能享受跟大盤一樣的投資成果了嗎？

此外，由於被動式基金不會頻繁買賣投資標的，交易成本較低，加上持有與管理投資標的的方式較為簡單，總體營運成本較低，因而管理費相對於主動式基金也比較便宜。

若投資人因為覺得透過股票市場就能購買的 ETF 買賣成本較其他個股低，也採短期持有頻繁進出的話，累積起來的手續費也頗可觀。以 0050（元大台灣卓越 50 證券投資信託基金）為例，雖然 ETF 的證券交易稅為 0.1%，僅為股票的 1/3，但券商手續費與一般股票相同 (0.1425%)，短線當沖多累積幾次，一天的成本也可能高達 1%，一個月光手續費就賠掉 20% 以上，所以千萬不要頻繁交易！

主動式基金跟被動式基金之爭，最有名的故事，當屬 2007 年時，巴菲特以 100 萬元美金為賭注，向對沖基金發出

當沖
當日沖銷，指「當天」完成買進與賣出股票的交易。

對沖基金
又稱避險基金。是指由期貨、選擇權等衍生性金融商品與金融組織結合後，以盈利為目標的金融基金。

挑戰，輸的人要捐 100 萬元美金給巴菲特指定的慈善機構。賭注的勝負內容是，以十年為期，標準普爾 500 指數基金的投資績效，會勝過對沖基金。

資產管理公司 Protégé Partners 的避險基金經理人 Ted Seides 決定接受巴菲特的挑戰，挑了五檔基金作為投資標的。

十年後（2017 年），比賽結束，Seides 挑選的投資組合，有九年的績效都輸給標準普爾 500 指數基金，巴菲特勝出，堪稱大獲全勝。

年分	基金A	基金B	基金C	基金D	基金E	標準普爾 500 指數基金
2008	-16.5%	-22.3%	-21.3%	-29.3%	-30.1%	-37.0%
2009	11.3%	14.5%	21.4%	16.5%	16.8%	26.6%
2010	5.9%	6.8%	13.3%	4.9%	11.9%	15.1%
2011	-6.3%	-1.3%	5.9%	-6.3%	-2.8%	2.1%
2012	3.4%	9.6%	5.7%	6.2%	9.1%	16.0%
2013	10.5%	15.2%	8.8%	14.2%	14.4%	32.3%
2014	4.7%	4.0%	18.9%	0.7%	-2.1%	13.6%
2015	1.6%	2.5%	5.4%	1.4%	5.0%	1.4%
2016	-2.9%	1.7%	-1.4%	2.5%	4.4%	11.9%
總投資報酬率	8.7%	28.3%	62.8%	2.9%	7.5%	85.4%

圖 5-1　巴菲特投資挑戰結果

雖然不少世界級投資達人不斷呼籲世人（特別是小額投資人），因為大部分主動式基金的長期投資效益都無法打敗大盤，所以最佳的投資標的是被動式基金。然而，市場上較受歡迎的還是主動式基金。也許投資人們未必真心追求長期持

標準普爾 500 指數基金
衡量美國約 500 家公司業績的股票市場指數，其共涵蓋了 11 個產業類別。

有，他們心裡真正的想法是：「如果可以讓我碰到好時機，能夠短期快速致富還是最棒的。」

 ## 選購基金、ETF 的方法

1. 避開避險基金、對沖基金或以衍生性金融商品為主要投資標的的基金。

2. 建議挑選被動式 ETF。

3. 挑選大公司的 ETF。

   大公司的基金種類豐富，流動性也比較好。加上大公司的基金規模可能比較大、擁有比較好的投資與分析團隊，也比較不容易解散基金或倒閉。

4. 不要只以收益率來挑選基金，還要考慮基金的持有成本、服務人員的聯絡便利性，例如會不會找不到人或很難找到人？

5. 根據基金的投資標的而非貨幣來挑選基金。

   有些人偏愛本國貨幣買賣的基金，有些人則偏愛外幣，理由都差不多，無外乎匯損／匯差。

   匯損／匯差固然會影響帳面價格，不過，長期來說，基金能不能幫自己賺錢才是真正影響最大的部分。所以，

還是應該優先從基金選擇的投資標的來挑選，而非持有的
貨幣。

6. 留意基金規模的大小、存在時間以及資金量的消長變化。

　　原則上來說，存在時間長、資金規模量大的基金，很
難再創造輝煌的成長，不過也相對穩健。資金規模小或正
在募集中的基金，雖然未來可能有高收益，但也存在一定
風險。該選穩健還是高收益，這一點沒有絕對對錯，端視
投資人的需求而定。

　　基金評估績效的週期越短，越不具參考性，因為可能
是一時的好運或歹運影響績效。所以，不建議只從投資報
酬率或績效來考慮是否購買該基金。若非要比較投資報酬
率，可以拿基金績效跟當期大盤指數來比。

7. 不要挑選過去一到三年，業績最好的基金。

　　根據均衡回歸的原則，高績效一陣子之後，通常就會
修正回檔。過去的投資績效不保證未來投資績效，務必小
心！再不然，好的基金經理人或操盤手也可能已經被挖腳
而離職，績效無法連續。

8. 挑選自己能夠信賴的公司，而不是帳面數字漂亮但自

己感覺怪怪的公司。

9. 不要將兩檔不同內容或類型的基金放在一起比，請挑選同質性的基金進行比較。

10. 投資組合裡，一定要有一兩種不同類型的基金，例如全球型股票 ETF 一支，再搭配一支全球型債券的 ETF。

最後（但並非最不重要）的提醒是，申購前，請詳閱基金說明書，裡面有很多重要資訊，一定要看完，若有不懂的部分，都要問清楚再買！

 我該聘請投資顧問嗎？

我們應該花錢聘用金融專家，提供專業金融諮詢服務嗎？

我的看法是，如果資產不到 100 萬元美金（3000 萬元新台幣），還是自己多花時間進修學習、建立可信度高的消息來源、累積自己的金融投資實力就好。

專業投資顧問的年費並不便宜，長期下來也會吞噬掉投資獲利率。資產雄厚的人，或為了避險，或是沒有時間自己操盤或管理，可以委託專業人士處理。

　　在台灣，一般投資人可以參考投資理財達人的部落格文章、收聽播客節目，搭配閱讀專業財經雜誌與書籍，跟自己的基金經理人或理專討論，或是定期找金融業的朋友聚會閒聊，聽取資訊。

　　聘請外部專家所支出的手續費與顧問費，會減少投資報酬率。所以，能夠自己學是最好，也代表願意自行承擔投資損益，不把問題轉嫁他人。而且專家達人也只是提供第三方意見，並不是要你全盤授權給他幫你操盤，或是傻傻聽專家的意見買賣。

　　投資人最好要有自己的投資哲學與資產配置，外部專家的意見只是提供思考的刺激，或是幫助自己找出思考盲點。最終的盈虧損益既然是自己承擔，投資決策的判斷也應該由自己來會比較好。

　　不過，如果您屬於碰到大盤劇烈波動、碰上股災或熊市時，就會緊張焦慮、產生不理性決策、很想賣股票的投資人，或許還是找一個外部專家協助自己穩住陣腳會比較好。

　　好的投資顧問，比較適合請自己信任的人推薦，不宜貿然聽信市場上傳言，或者單看廣告文宣。投資顧問除了

得夠專業，不會胡亂推薦產品以外，還要脾性上跟你合得來，雙方能夠溝通，你聽得進對方的建議才行。

如果是信得過的人推薦，對方又夠資深，長期穩定的客戶也夠多，評估風險的方法、投資理念跟擅長金融工具跟你相近，費用也負擔的起，那不妨合作試試看。

房地產

就定義來說，房地產指覆蓋在一土地之上的實物（如建築物）的產權歸屬。

房地產的房屋與土地，屬於不動產的一種型態，其他像是橋梁、樹木等非房地產類型的土地定著物的產權，或是尚未完工的預售屋產權也屬於不動產。

雖然實際上，房地產有土地、建築物與房地合一三種型態，但人們常將不動產與房產兩個名詞交叉使用。

而房地產的買賣，也區分成三種型態：土地、建築物、與我們一般投資人常遇到的房地合一。

扣除自用不算，房地產是工商社會的一種主要投資方式，通常以買賣或租賃兩種型態為主。

　　法人對房地產的興建、買賣與投資，跟本書要探討的議題較無關係，暫且不談，僅介紹個人投資面的房地產持有與交易。

　　自用，指自行持有並使用所持有之房地產，例如供自己居住。

　　買賣自用住宅時，你會怎麼計算投資報酬率？在計算購屋成本時，會否把總利息支出及裝潢支出等費用全部計入？

　　假設成交價 1000 萬元（其中 700 萬元貸款，分二十年（兩百四十期）本息平均攤還，年利率 2%）：

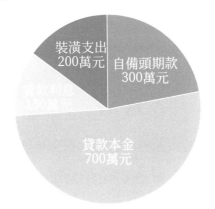

圖 5-2　購屋成本

　　實際上的購屋成本 = 300 萬 +700 萬 +150 萬 +200 萬 = 1350 萬元。（沒有計算支付仲介的手續費及各項稅金支出）

因此，如果未來要透過出售房產變現套利，銷售金額至少要超過 1350 萬元，而且，這還是沒有經過通膨水準調整的金額。

房地產的增值，其實是國家經濟成長的反應。已經過了經濟高度成長期的台灣，房地產價格要像過去一樣，在二十年內飆升兩倍以上，可能不容易！

上述粗估數字告訴我們，若繳完房貸才將房產脫手，房價至少得上漲 35% 才會有獲利。以上都還只是最粗略的估算，若是仔細精算，想要靠房產獲利，房價的漲幅可能得超過 50%。

我想說的是，未來要靠自用住宅的買賣賺取價差，難度會比在經濟成長期的台灣難上許多。

不少台灣人至今仍保有有土斯有財的觀念，認為這輩子應該擁有至少一棟自己的房子。而買賣房地產，是許多台灣人熱衷的投資方法，加上自有住宅的比率高達 85%，因此，不少國人的房地產在總資產中占比相當高。

不過，目前台灣的房地產價格來到相對高點，無論是想透過房地產買賣還是租賃創造高額報酬，都不若過往容易。原因有很多，討論起來篇幅過大，本書暫且擱置不討論。

　　大部分人談到房地產，多半都會認為，得先買入自住用房地產後，若還有餘力，再購買第二間房產來出租。實際上，若真的要靠房地產進行投資，買賣跟租賃是可以同時成立且應該同時成立的。

　　也就是說，投資人可以一方面繼續租房子，一方面購入房產，將房產出租，兩件事情同時做。

　　多數人會覺得應該先買自用住宅，再買出租或投資用的房產，通常是認為租賃所支出的租金，是白送給房東，如果拿來繳房貸，最後房產是自己的，租金不會白白浪費。

　　但，房地產持有人，未必只能住在自己持有的房產。

　　我們會有先買自住宅再買出租宅的觀念，是因為不管自用還是出租，我們都將眼光放在住宅市場上，忽略了商辦、停車位等其他房地產使用型態的投資獲利可能性。

　　出租方面，可以分為住宅跟商辦兩大類，房地產所在地、商圈、捷運與大眾運輸系統、學校、醫院、公園等變項，都會影響租金水準。

　　一般來說，房地產租金會隨著房地產交易價格的升跌而起落，然而，實際上的情況卻未必。台灣曾有很長一段時間，房價持續上升，租金卻沒有明顯波動，長期維持穩定，直到

近幾年才上漲（卻又因為碰到新冠疫情而出現折讓減租的情況）。

如果祖輩有留下房地產，而且是都會蛋黃區的住宅或商辦，乃至停車場，收租的利潤還是很有看頭的。

想當包租公，並不一定只能買入住宅出租給個人或家庭用戶，也可以考慮購買商辦或停車位。其他像是改造老宅，再出租做共享公寓、教室活動場地的空間租賃服務也越來越多。這些其實也都是房地產投資，甚至是可以成為終身事業的好生意。

至於過往很熱門的學生套房出租生意，因少子化衝擊，可能已經不再是好的投資標的。

而在都市以外的地區，農地持有人自己不再耕種，將農地出租，也所在多有。

對於只有一棟自用住宅的一般投資人來說，高齡化會是很大的挑戰。

目前許多買房者都設定三十年期貸款，繳完房貸後，差不多已經面臨退休。雖說退休生活不需租房，相對感到安心，卻面臨房屋老舊的整修或都更問題。

試想，三十年期貸款，就算購買時是新成屋，等到繳完

房貸，也已經是三十年的老宅。如果入手時就已經是中古屋，屋齡會更長。

　　以台灣來說，房子興建二十年後會逐漸出現老舊、劣化的情況。因此，房貸繳完，很可能還需要有一筆錢可以整修房子。整修事小（再不濟可以用房子質押借款），若是房子所在的地區面臨都更，那就真的很麻煩了！

　　近年政府積極推動的「以房養老」政策，也就是將房子抵押銀行，換取年金化的收入，在未來肯定會更加風行。問題是，當銀行手握一堆以房養老的房子，加上少子化出現自用住宅買賣轉移成交數量下滑，未來的以房養老貸款金額是否能跟上通膨，承辦銀行會否越來越少，能支領的年金數目是否也會越來越少，甚至面臨無法辦理的情況，都是得預先思考與規劃的。

　　還有，若子女希望早一點辦理過戶繼承房產，您會答應嗎？答應了會否就被請出房子，淪落街頭呢？若不答應，子女就此離家，家庭關係失和，可能也頗讓人感覺悵然？

　　在我看來，如果可以接受老後入住安養院或養老村，不妨趁著身體還硬朗之際，將房屋出脫或出租，將所得作為安養院或養老村的入住資金。

上述列舉的諸多問題，是想提醒大家，有土雖然可能有財，但這個財需要好好規劃與整理，才能讓房產成為協助自己過好老後生活的幫手。

第六章

打造低風險的投資法

投資準則第一條：不要賠錢；第二條：別忘了第一條！──巴菲特

說起投資理財，大部分人心裡想到的第一件事情，都是如何賺到錢吧？

增加資產雖然是我們學習投資理財的目的，不過，在學習能夠賺錢的投資技術之前，得先學習保本，再來思考如何賺錢。

一如練柔道，得先學習受身技（保護自己的技巧）；學騎重機，得先學如何把倒地的車輛牽起來。先學習預防與處理失敗的方法，再學習獲勝的操作技巧，普遍存在於各種領域的教學設定中。

順序上之所以如此安排，就好像知名藥廠的廣告台詞一樣，「先講求不傷身，再講究療效！」

不過，打造低風險的投資方法，需要花時間按部就班的建構，並且確實遵照建立起來的規則操作，不能被外力或欲望蒙蔽而改變。

簡單來說就是要建立一個具有多重防火牆的資產池，將

手上的資金按照規劃分批投入金融市場。

第一階段，讓自己的主動收入穩定的大於日常支出。量入為出，落實計畫性消費，積極儲蓄金錢，並將所儲蓄的金錢，分成兩部分。

第一部分，是六到十二個月左右的生存準備金。這筆錢的實際金額大小，請根據你的實際家戶支出狀況估算。

一般來說，30 歲以下的單身上班族，大概是 18 到 36 萬元（一個月 3 萬元）。30 歲以上，已婚有子女或房貸的話，建議一個月至少預估 6 萬元，也就是 36 到 72 萬元。這筆錢，可以另外開一個帳戶存起來，以能夠隨時解約的定存方式保有。

第二部分，是儲蓄進場投資的第一桶金。30 歲以下的話，30 萬元就足夠了。30 歲以上的話，金額可以拉高到 100 萬元，或者最少也要有 50 到 60 萬。

用於投資的第一桶金，務必要是所謂的閒錢，也就是日常生活支出絕對不會需要動用的部分。

這就是為什麼需要存六到十二個月的生存準備金。若是主動收入因為外部環境衝擊而下降時，你能有六到十二個月的時間可以處理，不至於需要馬上考慮變現金融市場裡的投資。

生存準備金，就是你的第一道資產防火牆，保護你資產池裡的資產，不會被外界環境的波動干擾，不需被迫提早出場救援生活。

這一段敘述看起來簡單，能夠確實做到的人其實不多。

第二階段的資產防火牆，則是佈建你已經投入金融市場裡的資金分配方式。

假設你正準備將第一桶金（100 萬元）投入金融市場，購買公開市場的股票。此時，應該要將多少錢實際投入持有股票呢？A. 全部 B.70 萬元。

答案是 B，而且不是一開始就買足 70 萬元，而是分批買進，並且最多持有 70 萬元資金的股票。

也就是說，資產池裡的資產，會留有三成現金。這筆錢可以讓你在投資局勢出現變化時，有餘裕得以加碼、攤平或換手，以維持或再平衡投資組合，不被外力打亂。

簡單來說，要確保資產不會因為外力波動而萎縮，可以抗波動避險，然後逐步創造獲利。

那麼，什麼時候可以獲利了結？

攤平
投資者在價格下跌增加購買數量，以降低持有的平均成本。

換手
當原來買進的投資人賣出，但新的投資人又買進。

基本上，進入資產池裡的資金，就讓它留在資產池裡持續投資，錢滾錢、利滾利，不管你是技術線型派、當沖派，還是價值投資派、定期定額派，都一樣。

獲利了結，嚴格來說分成兩種：

第一種情況是，你所購入的金融資產價格已經上升到你看好的最高段，覺得應該變賣套現，不需要再持續持有，因此決定賣掉手中的金融資產。

假設你原本用 70 萬元買入，現在價格翻了兩倍多，賣掉並扣除手續費與各種成本後，賺了 140 萬元。那麼，現在你的資產池裡，多了 140 萬元，總共擁有 240 萬元。

你覺得獲利了結，應該怎麼進行？

A. 將原本投入的本金 100 萬元拿出，留下 140 萬元在資產池裡，用獲利的部分繼續操盤。

B. 全部留在資產池裡，接下來用 240 萬元作為本金，繼續操盤。

技術線型派
這類型的投資人認為所有的資訊都已反映在價格上，且歷史會不斷重演，所以他們著重在線圖上，根據過去的經驗來猜測未來的股市趨勢。

價值投資派
這類型的投資人根據基本面分析中的概念，去尋找並投資價格被低估的標的。

C. 全部提領出來，關掉帳戶，不再投資。

如果只有 240 萬元，可能不會有太多人選 C。但當資產池達到 1 億元時，也許會有人覺得 1 億元淨資產足夠過日子了，決定關掉投資帳號，退出市場。

通常的選擇，大概是 A 或 B。

這其實沒有標準答案，雖然選 B 比較好（可用於購買金融資產的資金，當然是越多越好），但是，因為這個選擇牽扯到每個人的心理帳戶的判斷，所以還是以投資人本身的心理狀態、風險耐受性為主。

如果你屬於特別厭惡損失，看著自己辛辛苦苦存下來的錢，在金融市場上下波動起伏，心情就會受到影響的性格，那麼，我會建議選 A，先讓本金退場。這筆錢之後可以轉買定存或債券等其他較保守、波動較小的金融商品。

如果你的心理帳戶可以承受波動，認為已經進入資產池的錢就是為了投資，直到最後獲利了結之前都不動用，那麼，應該會選 B。

以上的選擇方法是最理想情況，但實際上不少人剛涉足金融市場時，根本沒有嚴格區分金融投資帳戶跟一般生活支出帳戶。這導致人們經常在金融帳戶裡的資產水位上升時，

就幻想自己變有錢（反過來的情況也常見，帳目數字下降就覺得自己虧損，變窮了）。於是，花費開始超過生活帳戶的預算，用以犒賞自己的投資成果，打亂了原本的支出規劃，擾亂投資紀律。而這就是典型的無視資產防火牆規劃的情況。

嚴格遵守資產池的打造規劃及自己建立的投資紀律的專業投資人，不會因為金融帳戶裡的資金起伏，改變日常生活的資金使用狀態。這就是為什麼巴菲特即便富可敵國，還是過著相對其他企業執行長來說，十分簡樸的生活的原因。

遵守上述原則的好處是，因為用於投資的是閒錢，熊市時，也不會因為投資帳戶的帳面虧損，需要挪用生活開銷的資金補貼。只要不放空或槓桿操作，按照自己建立的投資模型操盤（後續章節會介紹），賠光資金的機率很低。

另外一個更大的好處是，投資上的帳面獲利後，你不會任意揮霍、不會過早提領金融投資收益，可以讓本金繼續留在資產池裡，享受複利效應，幫你累積資產。

或許有人會質疑，我那麼認真投資，也賺了錢，真的都不能享受一下投資的果實嗎？這個答案，也是因情況而異。

如果你的重大財務目標（例如，賺夠退休生活準備金或

放空

是指一種試圖透過股價下跌進而獲利的交易方式。

買房基金）還沒達成，就不建議太早從資產池中提領一部分出來享受，應該嚴守紀律，繼續操盤。

一般情況下，進入投資帳戶的資金，除非達成財務目標，否則盡量不要提領出來，要跟日常生活中的開銷完全分開處理。生活開銷只以工作的主動收入來支應，不動用投資帳戶的資金。

世人所謂的財務自由，指的是你的資產池每年的總報酬率（淨值成長＋配息），可以穩定地維持日常生活開銷，且不會造成資產池裡原本資產水位下滑，不需再繼續賺取主動收入。

假設你的日常開銷是每年 200 萬元，而資產池每年可以穩定的產生 200 萬元收益，即使挪出 200 萬元作為日常開銷也不影響原本資產池的水位時，你就打造了一個超強的資產池，獲得了絕對財務自由。

致富很難快速，《原來有錢人都這麼做》的作者湯瑪斯‧史丹利及威廉‧丹柯研究調查發現，一般認真投資理財或努力儲蓄而致富的鄰家百萬富翁，平均在 54 歲時，將淨資產累積到 100 萬元美金。

投資致富這條路對大部分人來說，都需要有耐心、養成

習慣、按表操課、嚴守紀律。反過來說，這也是為什麼在金融市場中殺進殺出的人多，但真的能夠財務自由的人少的原因（沒有使用閒錢投資、沒有布建健康的資產防火牆，隨意動用投資帳戶的資金）。

在完成被動收入系統的建置、達成財務自由之前，生活開銷務必以主動收入支應，不要拿投資帳戶裡的收益去享樂或揮霍，混淆了自己的心理帳戶，讓自己的投資出現被迫需要提早下車的情況。

按照上述規劃，有紀律長期進行投資，就能建立低風險的投資方法。

 效法鄰家富人的理財術

《原來有錢人都這麼做》湯瑪斯・史丹利、威廉・丹柯／久石文化

《原來有錢人都這麼做》是教導人們如何致富、研究富豪如何致富的經典，影響了日後無數同類型作品的作者。因此，本章最後將花點時間，跟讀者分享該書中的重點精華。

這本書最了不起的地方在於，作者實際調查了一萬四

千位美國的有錢人的生活習慣（從這本書的定義來看，淨資產達 100 萬元美金時，可以算是有錢人）。

作者的大規模研究調查發現，大多數美國有錢人的生活，其實非常無趣，穿著打扮很普通，購買日常用品的地方也很一般，車子沒有特別高級，也不住豪宅，甚至熱愛蒐集折價券、撿便宜貨。

低調的有錢人，很多是住在中產階級甚至是勞工階級的住宅區裡，是看似不起眼的鄰家富人，懂得量入為出，靠自己的力量慢慢致富。

一般人要怎麼做才會變有錢？

作者認為，這些看起來跟你我無異的鄰家富豪，才是我們普通人效法模仿的對象。

變有錢之前，要記住的第一件事情是，收入不等於你所累積的財務。

收入很高的月光族大有人在，但那只是生活水準高，花掉就沒有了。而財務則是勤奮、努力不懈、規劃、自律等生活方式長期累積的結果。

財務自由的人，就算沒有了來自工作的主動收入，也還是可以維持當前的生活水準，不會受影響。

有錢人有以下幾個特色：

1. 就職業上來說，通常是生意人、自雇人士或專業人士。

2. 擁有自己的房子，且在同一個地方住一輩子。

3. 只結過一次婚且仍然已婚（離婚可能會造成財務累積的折損，因為要跟離婚的前配偶分產）。

4. 懂得精打細算，強迫自己儲蓄跟投資（至少將年收入的 20% 拿來投資）。

5. 靠自己打拼賺錢（80% 的鄰家富豪是白手起家、20% 的有錢人則是靠繼承財產）。

6. 大多數人都受過良好教育，80% 以上擁有學士或以上的學位。

致富的七大元素

1. 量入為出

制定預算，控制支出。拿到薪水後，收入先扣掉儲蓄（至少 15% 的年度收入拿來投資）再拿來花用，家庭開支方面絕

對精打細算，只有一兩張信用卡（不同發卡系統各一張），不要太常使用無限卡。

多花時間研究並規劃財務，先決定好人生的財務自由目標，之後確實遵守執行策略。

2. 有效分配時間、精力及金錢，做好財務規劃，以達到財務的目標

不炒股票，且最好能長時間持有同一支股票（32% 的人超過六年持有同一支股票，將近六成的人持有同一支股票超過兩年）。

3. 相信經濟獨立比崇高社會地位更重要

4. 父母並不提供經濟上的後盾

慷慨贈與金錢給子女的家庭，子女的經濟較難獨立（難以區分錢是誰的，金錢觀扭曲，自己未必能夠創造跟父母一樣的收入或資產），只對必要支出（如教育）付費的父母，子女成年後經濟獨立的情況較好。

5. 成年子女經濟上能夠自給自足

從小訓練子女的儲蓄紀律與節儉美德。不資助子女的父母，孩子將來長大比較不會變成啃老族。

6.對掌握市場機會很有經驗

跟著鈔票走，有錢人願意付費買服務，所以要做有錢人的生意（幫有錢人解決問題）：律師、醫療（牙醫、醫美、皮膚科、過敏治療、心理學家、精神科醫師、脊椎指壓治療師）、資產清算師、估價師、教學機構的專業人士、房地產專業、古物交易商、鑑價師、拍賣師、當鋪老闆、會計師、營建裝潢不動產開發仲介。

7.選對職業

自雇專業人士或其他事業業主，像是醫生、律師、工程師、建築師、會計師、牙醫、獸醫。

當個獨資經營者，做一些聽起來平淡無奇不有趣的生意，像是連鎖洗衣店、連鎖披薩店，不用像專業人士一樣需要多年專業技能的學習，也能夠賺取穩定且高額的收入。

人生最大的財務風險是，只有一項收入來源，而且是靠出賣自己的勞力換取。如此的生活，命運無法掌握在自己手上，只是在幫冷酷無情的業主打工，當然創業的風險也是需要評估的。

第七章

怎麼找到好的投資標的

做好資金的使用規畫後，接下來就是實際進場投資。

實際開始投資後，最重要的一件事情就是：自己不懂的東西千萬不要買。

例如，當代藝術、紅酒、老酒、水晶、名牌包、限量公仔、玩具模型等，假貨多、收購與賣價不透明且市場波動大，一般沒有雄厚財力，只是半玩票性質的買家，想靠這些藏品獲利，大概跟中樂透頭彩的機率差不多。

也不是說這些東西不能買，真心喜歡，覺得買了會讓人生更幸福與充實，那麼買一點放在家裡欣賞也是無妨。

真正財力雄厚的資本家們在收購當代藝術時，經常都不是一張一張買，而是一批一批買，經常是畫家才剛出道沒多久，有作品展出時就去看，然後整批收購。買了之後，就收回倉庫存放。

台灣曾經有位大老闆，在畫家常玉還沒走紅之前，就長年大量收購其作品，並且慢慢在市場上放風聲，吹捧常玉。拉高市場行情後，再透過舉辦展覽、將作品送到拍賣會拍賣等各種手法，逐漸墊高行情價格，最後一口氣出脫手中典藏，獲利了結。

典藏品整體的投資週期跟資金量，乃至日後的造市、拉

抬行情,所需要的耐心與資本,都不是我們一般人能及。最多是運氣好,偶然買了一兩張畫,剛好那個繪者的作品日後被市場炒熱,價錢水漲船高,因而偶然獲利。

總之,以素人之姿,不建議投資藝術品或典藏品,因為那是在跟一整個場域的專家們競爭。

我覺得巴菲特說的很好,投資這件事情就好像一個打擊手站上打擊區,可以一直等到自己確定可以打擊出去的好球再打,沒有被三振的壓力。而選到自己確定可以打的好球,就是選出自己真正能搞懂的投資商品。

投資領域最好的事情就是,值得投資且能從中獲利的好東西很多。不要跟隨潮流或聽信他人報的明牌、小道消息,一切應該自己研究、調查、蒐集資料和驗證。確定自己已經瞭解了所要購買的投資標的到底是靠什麼賺錢、未來能否穩定獲利後,再決定要不要持有這項金融商品比較好。

所以,接下來會介紹巴菲特選股的能力圈模型,它將協助你找出自己能搞懂的投資標的,建立自己的投資模型。

巴菲特的能力圈模型──選到你確定打擊出去的好球再打！

巴菲特的能力圈模型，總的來說，就是從自己有熱情、有天賦且能獲利的三個領域去尋找值得持有股票、長期投資的好公司。

也就是說，不要聽信別人報的明牌，也不需要管市場上現在正熱門的題材或主題，因為那些未必是你能搞懂的東西。反而是要從自己身邊熟悉的領域著手，找出主觀上符合自己能力圈，客觀上符合以下三項條件的優質好公司：

1.對你來說有意義的領域

找出在上述領域（自己有熱情、有天賦且能獲利）交集裡出現，製造、販售的相關產品或提供的相關服務令你滿意且能懂的公司。

舉例來說，如果你對 3C 商品有興趣，那就從你最喜歡或最常買的產品入手，找出這些好產品的製造商或供應商。像是巴菲特為什麼那麼愛可口可樂？因為對他來說，可口可樂公司的產品他既熟悉且能懂又滿意。

2.該公司擁有巨大護城河優勢，可以免於和他人競爭

　　企業常見的護城河有品牌、商業機密、商業模式、收費機制、轉換率、低（交易）成本、網路效應等。好比說，台積電的先進晶片製程，就是巨大的護城河。

　　關於護城河的判斷標準，還可以參考：如果有人出資 10 億元美金給某家新創公司，但短時間內該公司無法靠著資金優勢，擊敗市場上原有的龍頭企業，那麼這些龍頭公司就具有可以保護自己不被後續追上的競爭對手打敗的護城河。

　　如今的時代，科技與商業模式進步速度驚人，原本穩定獲利的產業龍頭公司，被突然冒出來的新公司追上並且擊沉的案例很多，科技業更是多不勝數，這也是當年巴菲特不投資科技股，宣稱他看不懂的原因。

　　根據以上判斷方式，找出你覺得具備長期競爭優勢的公司。通常這樣的公司會有能將競爭對手阻擋在外的計畫（護城河），能夠保護公司現有商業模式的競爭優勢，有效杜絕其他公司的競爭，甚至獨占某些利基市場，讓自己的產品明顯

轉換率
簡言之就是進入商店的消費者中有幾個人成交。

利基市場
是指在廣泛的市場中，找到特定族群銷售專門產品或服務以獲得競爭優勢，並且從中獲利。

優於其他產品。

不妨想想，你所挑選出來的企業，自己或身邊的人通常是為什麼原因而購買這些公司的產品？也可以上網查找一些消費者對該公司產品的評價與反應，跟護城河理論比對看看。

列出考慮投資的企業名單後，接著要研究該公司的 ROIC（投入資本報酬率，淨利除以淨值＋負債）或 ROC（稱資本報酬率，淨利除以淨值），記住，ROIC 至少要有 10%。

假設有個檸檬汁攤販有 1000 元淨值，1000 元負債，共 2000 元。檸檬小攤用這筆錢賺進了 100 元，則：ROE ＝ $100 \div 1000 = 10\%$，ROIC ＝ $100 \div (1000 + 1000) = 5\%$（一家公司若沒有負債，則 ROE ＝ ROIC）。

要找到能夠幫自己長期創造收益的優質企業，務必留意公司在財務報表上的四個成長率：盈餘（淨利）、營業收入（損益表）、股東權益（淨值與股息／資產負債表）、現金（營運現金，現金流量表）。這四項的年度數字至少都應該有 10%，且最好在過去的表現紀錄裡，可以連續十年都維持此一優異成效，方為值得挑選、長期持有的優質企業候選名單。

選擇持有某公司股票前可以就以下項目進行評估：

淨值

公司或個人的資產值減去負債，即償還所有負債後的資產價值。

⑴EPS 每股盈餘：一家公司如果每年的 EPS 持續成長，代表獲利能力越來越強，股價通常也會越來越高。

⑵稅後淨利率：同時考量了公司本業與副業後的獲利能力指標，稅後淨利率越高代表公司賺錢的能力越好。

⑶營業利益率：營業利益率越高，意味著公司管理和銷售能力越好。

⑷毛利率：毛利率越高，代表公司具有成本控管能力，產品的附加價值更高。

⑸負債：最好沒有，或是金額以三年的盈餘就能償還。

⑹判斷公司護城河效力的方法：如果有人給市場上的新創公司 10 億元美金，你所要購買的公司能否跟他競爭？

本業能夠賺錢，就代表該公司建構的獲利商業模式能夠賺錢、製造的產品賣得出去、市場買單，是值得長期持有的優質企業。最佳的現金流量必然來自本業的商業模式和產品銷售能力。因此，不用費心去檢視來自投資活動或融資活動的現金流量，只要把重心放在該公司本業營業活動的現金流量就好。

務必小心那些靠借錢、購買庫存股或將持有的資產變現來美化財報的企業，並盡量避開那些本業外收益占比高過本

業的公司。如果有額外的閒錢，又剛好碰上千載難逢的機會，搶短是無妨，不過，不建議花心力在市場上不斷尋找可以搶短的標的。同樣是花心力研究值得持有的公司，何不找能夠長期持有、穩健創造利潤的公司呢？

3. 該公司擁有良好的經營團隊

經營團隊誠實、熱情、敬業、管理良好、財報透明公開、沒有負面新聞纏身。

以下是判斷一家公司的營運高層是否值得信賴的一些標準：

(1)公司獲利情況不佳，高層或董事卻仍給自己高得離譜的薪水或分紅嗎？

(2)公司高層會幫自己設計優渥的離職津貼(黃金降落傘)嗎？

(3)公司高層是將公司資產視為自己的私人產業，還是幫股東代管？

(4)公司高層會將企業擁有的商業資產，用於非商業用途嗎？(例如，派公司的車去接送自己的朋友、用公司的錢幫自己招待朋友)

搶短

投資人對標的價格進行短時間交易，期望低價買入然後在高價賣出。

⑸收購其他公司，是為了讓公司的規模與市占率變得更大，讓自己擁有更大的權力，而非讓公司更好嗎？

公司變大，不代表績效或獲利能力會變好。如果公司併購市場上其他企業後，營業額或市占率上升，但投入資本報酬率 (ROIC) 卻下滑，那就要小心了。這樣的商業帝國，通常很難長治久安。況且，這樣的營運方式，稀釋了股東的利潤，不是好的營運團隊該做的事情。

辨認出好執行長的方法

- 董事會有權力開除所聘請的營運團隊嗎？董事會運作良好嗎？
- 主事者是否以服務公司為導向？
- 創辦人、執行長或營運團隊，工作上是否具備熱情？對公司經營或品牌信譽是否有榮譽感？對公司未來是否有雖然遠大但務實、可執行的目標？
- 執行長個人的經營風格偏好、個人性格、為人處世的價值觀、專業能力、品格操守、時間規劃與管理能力、領導統御的風格等。

- 找執行長過往寫給股東的信，或對外接受採訪時的報導來讀看看，觀其言、看其行，判斷其言詞的可信度。

- 若是上市公司，卻在網路或報章雜誌上找不到執行長或營運團隊的資料，代表這個團隊與執行長還沒被放大檢視過，也代表媒體對公司或執行長沒有興趣，或者公司高層不積極讓外界認識自己，務必要小心這樣不透明的經營團隊。

- 公司有沒有發生過營運或公關危機？若有，執行長與營運團隊如何處理公司危機？你認為，營運團隊的處置是否妥當？

- 執行長或營運團隊會否在遭遇市場亂流或消費者質疑時惱羞成怒？執行長或營運團隊的情緒管理、形象管理是否合宜？

- 執行長曾經誠實告知股東接下來會發生的壞消息嗎？

- 企業員工，特別是離職員工，如何看待公司的營運團隊與執行長？

- 請務必蒐集與公司或執行長有關的八卦或報導，找人或上網與人討論這些公司與執行長的資料，看看這樣的人與團隊，是否值得託付？

　　若原本的主事者和營運團隊很值得託付，但是換人主事之後卻風格大變，則務必要小心。有時候會變得更好，但也可能會變得更糟。當公司決定更換主事者或營運高層時，投資人也該重新檢視自己的持股。

自行選股能力：巴菲特能力圈模型的操作方法

　　請畫三個互相交集的圈，分別標上熱情、天賦、金錢，並寫上與自己的情況相符的項目。

　　1.熱情：列出所有您感興趣的事情。

　　　　例如：閱讀、追劇、投資理財、旅遊、吃、咖啡。

　　2.天賦：列出您有天賦（或用來賺錢）的事情。

　　　　例如：閱讀理解、投資理財、旅行、味覺敏銳。

　　3.金錢：列出讓您花錢的事情。

　　　　例如：買書、吃、廣告影響衝動購物、訂閱串流平台、旅行。

圖 7-1　巴菲特能力圈

　　根據你列出的項目，到金融市場上尋找有沒有相關產業別的企業。這些企業當中，有沒有值得投資的公司？

　　也可以從能力圈中，找出一個你最熟悉的領域，找到相對應的產業，爾後找出該產業中表現最佳的企業名單。

　　你可以利用台灣股市資訊網、財報狗、產業價值鏈資訊平台或其他類似網站，收集產業或個股的營運資訊。

台灣股市資訊網

　　蒐集好公司的營運資訊後，你可以依據公司的權益報酬率（ROE，通常可以視為管理階層在使用股東的錢進行企業投資時的表現狀況），排序出一群績優公司，再挑選前三名的企業進一步深入檢視。

接著，找出該公司的股價淨值比及股價的自由現金流量。

還有，網路或媒體上若有您挑選出來的公司的執行長或財務長對營運數據的見解，也可以作為參考。

巴菲特常說，從公司的財報開始下手研究就對了。所以，如果可以的話，最好仔細研究公司的財報。巴菲特把讀公司財報當日常功課，每天會花七到八個小時的時間閱讀，而且是從公司第一年的財報開始。唯有徹底瞭解一家公司過往到現在發生過的大小事，才能挑出真正卓越且能基業長青的企業。

補充一點，如果您對所找到的公司，似乎抱持過度樂觀的想法，總是替這家公司找好話說，或者該公司沒有真正的護城河，只有短期利多，都建議不要買。而新科技、新趨勢或職業工會，雖然因為一時流行，短期內可能會有獲利，但長期卻未必看好，請務必留意小心！

當然，如果你對這家公司沒有熱情、對其營運模式或商業模式沒有興趣，不會想進一步瞭解，也提不起興致讀該公

股價淨值比
股價相對於每股淨值的比例。

自由現金流量
指公司可自由運用的現金流，營運來的現金流量減去維持營運所需的資本支出和稅金後之餘額。

司的報導或財報，甚至根本不想持續瞭解關注，那就不要買。

最後再重申一次，若您對打算投資的行業沒把握的時候，建議就不要投入了。對公司的商業模式、獲利方法都不瞭解的話，還是別買比較好。

身為投資人，整個投資生涯最常做的事情，其實就是什麼都不做，甚至要努力學習各種方法來提醒自己什麼都不要做。要有空手等待絕對能夠擊出好球的勇氣跟毅力與決心，不要因為被迷惑、急躁而出手，更不要因為別人看起來都在賺錢了而自己卻還沒賺錢而出手。

附帶一提，若是真的沒時間研究，則可以考慮挑選市場上的績優 ETF，像是 0050、0056 之類，利用公司權值幫我們挑出一批大型公司分散持有。

估算合適的買進價格

找到值得投資的好公司後，也別急著買，接下來還要估算買入後，未來是否能夠獲利。

若找到的好公司，正好遭遇非理性繁榮的牛市，大盤飆

公司權值
公司股票市值占大盤總市值比重。

漲，個股股價也都早已被炒高到超過合理本益比的水準，此時最好將這些公司暫時收入觀察名單，不宜冒進。

一家營運及收益情況良好的公司雖然是好公司，但如果股價已經很高，對於正準備進場持有股票的投資人來說，就未必是好公司，因為它可能很難幫我們創造收益。

所以，對投資人來說，鑑別一家公司是否值得持有，不光只是檢驗其營運體質，還要確認股價是否有充分反映公司的價值。以現在的股價買入，未來是否還可能獲利？就算能夠獲利，是否是我們預期的獲利水準？

好公司的價值如果已經都反映在股價上，甚至超額反映，那麼在股價過高的情況下進場，可能也只是套牢，未必能有效獲利，不妨暫且擱置。

最好的情況，就是你找到一家市場還沒發現的績優股，或是大盤正處於熊市，其他投資人因為恐懼而紛紛退出，公司股價被迫持續下跌，股價因而被嚴重低估。

本益比

最常用來判斷股價是否合理的指標之一，公式為：每股股價 / 每股盈餘。

套牢

投資者買入標的後，價格隨即下跌，若以現價賣出便會虧損，如果期望能重新獲利，便只能繼續持有標的，直至價格回升到買入價。

　　這就是為什麼巴菲特總說「要在別人恐慌時貪婪」的原因。市場恐慌時，可能誤殺績優股，讓績優股的股價被壓抑而呈現被低估的情況，因此是最適合進場的時機。例如：2020 年 3 月，新冠肺炎疫情蔓延全球，各國決定封城後，股價紛紛走跌，但不久後就反彈回升。

　　那麼，投資人找到一家認為值得投資的好公司後，該如何估算買進價格？巴菲特建議，只有在股價打折，也就是股價低於公司實際價值時，才值得買進。從價值投資的角度來看，也就是買進擁有安全邊際的股票。

　　安全邊際指的是，投資人進場購買該公司股票的價格相對便宜，沒有以高於公司實際價值的價格購買。

　　對巴菲特這樣長期價值投資的人來說，會挑選市場崩盤後、績優公司的股價被低估時進場。

　　一般投資人則喜歡在牛市末升段瘋狂參與追價，每一次股票大盤市場指數創新高時，通常也是新證券戶開戶數創新高的時候。這代表許多人都是聽聞股市大好、別人好像都在股市賺了錢，才蠢蠢欲動。這被稱作擦鞋童理論，就是說連

末升段

價格在將要進入下跌趨勢的初期，通常是上漲趨勢的最後一段，此時期由於價格已經漲多，故一些投資者可能開始意識到估值已經過高，開始逢高賣出。

擦鞋童都在談論股票、投資股票時，務必要小心，可能是時候準備離場或撤出部分資金了。

從行為金融學的理論來看，即便是專業投資人，都還是經常受到外部環境或自己的非理性情緒影響，以過高的價格買入公司股票（無論是否是一家值得持有的好公司），導致獲利情況變差，甚至原本應該可以賺錢的投資，卻因為追高而被套牢在相對高點，損及獲利率。

通常如果找到好公司，因為股災或大環境衝擊導致股價下跌，那真的就是千載難逢的買入好時機。雖然買入之後可能還會下跌一陣子，但是，落底後反彈回原本該有的水準是遲早的事情。

一般情況下，績優股的股價，非公司本身而是因外部系統性因素衝擊下跌超過三成，就可以開始考慮進場布局了！

從過去的歷史經驗來看，投資美股的投資人，若是在標準普爾 50 指數本益比二十到三十倍之間的價格買進，二十年間的投資報酬率介於 –2%～5% 之間；而若是在標準普爾 500 指數的本益比低於 8 的時候買進，二十年間的投資報酬率通常有 10% 甚至更高。因此，盡量不要在高本益比的時候買進準備長期持有的公司股票。

日常生活選股法

如果覺得巴菲特的價值投資法太難，要算股價與公司價值太辛苦、太複雜，還有一種投資法可以參考，那就是日常生活選股法。

日常生活選股法，顧名思義，就是從日常生活中進行觀察，好比說，去大賣場、超市，或網路商城，看哪些商品最暢銷熱賣，再回頭去找生產那些產品的製造商，買入這些公司的股票。

巴菲特過去之所以長期持有可口可樂，雖然也有一套財務分析的說法，但可口可樂這樣的優質公司，也可能從日常生活選股法被挑選出來。也就是說，挑選優質投資標的的方法，不只一種。

不妨從日常生活的市場或消費趨勢開始進行觀察，當你看到某一項自己有興趣的商品、留意到市場上某項商品突然開始增加廣告宣傳頻率與數量、聽到其他人經常聊起某家公司或某項商品，或者聽到朋友大力稱讚某項產品時，請思考以下五件事：

1. 這家公司有上市嗎？

2. 如果有，這家公司上市多久了？目前的市值規模？

3. 公司的本業是什麼？

4. 公司業績有持續成長嗎？

5. 大股東都是哪些人？

有時候，市場上長期熱賣的商品，生產製造商並沒有上市，就算公司很優秀，也沒辦法買到股票。台灣就有不少沒有上市的優質企業，我們一般投資人只能放棄。

感覺該公司的產品在生活周遭漸漸開始流行、廣告開始增加，剛跨過創新擴散理論的臨界點（創新者、早期採用者），進入早期追隨者階段時，是出手的好時機（晚期追隨者也逐漸加入，市場漸漸飽和時，可以考慮賣出）。例如電動車產業初期，特斯拉一枝獨秀，中後期傳統車廠陸續進入，紅利逐漸消失，當然長期還是看好，但是產業紅利已經要分給各競爭者了。

日常生活選股法，還需要格外留意公司的股票總和反映的市值，以及公司的市占比，乃至該項產品整體市場的市值，特別是內需型產業。除非該公司有意向全球進軍，否則公司的市值，將受限於國內市場的總值，必須瞭解公司未來長期

成長的潛力，或者等待熊市修正股價時再進場撿便宜。

不過，在台灣使用日常生活選股法，除非前進美、日等股票市場，不然若單純選擇台股，因為市場經濟規模太小，要找到有爆發力的民生類股相對不容易　（也不是完全不可能）。

有一點，比較少投資人留意，但我建議想要長期持有某家公司股票的投資人應該留意，那就是公司的大股東名單。

搞清楚公司前十大股東的背景與資產實力、留意大股東是否有換人或是出清持股的情況發生。

大股東若頻繁換人，或是大股東當中沒有資金實力雄厚者當後盾的企業，是需要小心的，特別是某些固定成本高的民生產業，若大股東名單中沒有銀行團，或許避開這些股票比較好。

投資成本的回收計畫

投資人打算買入一家公司的股票之前，還要思考，您覺得需要持有該公司多久，才能把當初買股票的成本回收回來。假設某公司股價是 100 元，如果買入一股，並將 100 元視為

成本，投資多久可以回收？

成本回收週期自然是越短越好。

一般來說，未上市的私人企業回收週期約三到十年、新創公司約八年、小規模交易公司約六年。而上市公司的股票買入成本，最好不要超過八年。八年投資回本，意味著自由現金流的平均年成長率要能達 16%。也就是說，你要找到一家可以連續八年現金流成長 16% 的公司。

當然，這個數據可以根據你所願意承擔的時間成本的長短進行調整。不過，基本上，持有年限越短，現金流成長率就得抓得越高。

回收初期成本之所以重要的原因是，當初購入股票的成本攤提完成後（通常透過每年的分紅配股），爾後不管股價高於買入或低於買入價格，任何時候脫手，都不算賠錢，因為你已經將本金拿回來了。

這是顧慮投資人心理帳戶的賺賠機制的一套計算方式，對於很在乎股票一定不能出現虧損的投資人來說，可以建立一條內心的安全邊界，也可以作為投資依據。

攤提
將某一項費用或支出分攤到相關的時限內。

153

若考慮買入股票，再接著思考以下幾件事

　　當你真的考慮打算購入某家公司的股票時，請務必認真思考，該公司的總經理是什麼樣的人？創辦人還是總經理嗎？創辦人還自己管事嗎？創辦人是大股東嗎？創辦人的年紀是否快要退休或找人接班？創辦人對公司未來願景的看法？

　　其次，瞭解公司重要幹部的組成元素，像是學經歷背景、性別、種族、年齡以及年薪等。公司員工的平均學經歷、性別、年齡分布，還有薪資水準與公司營業額占比等數字，也要留意！

台灣上市公司可以到公開資訊觀測站做查詢

　　通常來說，如果公司裡擁有高學歷的年輕人才比重高，且公司本業業績持續成長，就是一家值得考慮買入股票的公司。

　　而公司怎麼對待員工？把員工當資產還是成本？會否出

現營運亂流就裁員等問題也很重要。正所謂良禽擇木而棲，好人才當然也會想到好公司發展。會善待員工，發揮員工實力幫公司創造利潤的企業，未來比較有錢景。

買入後，評估是否繼續持有或出脫

評估是否繼續持有或出脫時，可以思考以下問題：

1. 公司是否發生商業糾紛？是否頻繁出現責任在公司的客訴？

2. 公司的營運方針有無因為上市或上櫃而出現改變？若有調整，是往好的方向還是糟糕的方向發展？

3. 公司的營運計畫會否開始為了拉抬股價而釋出短期利多拉抬短期股價，並棄守長期布局，形成短多長空？

4. 公司經營團隊有沒有人大量出脫自己持有的公司股票？

5. 公司預設的營業額或利潤率，是否能夠持續如期達成？

持有股票後，讓人考慮加碼或減持的狀況，通常好發於短期事件或消息面帶動的股價波動。投資人務必好好確認負面小道消息是空穴來風、同業中傷還是確有其事？業績飆漲

是本業持續深耕擴大，還是靠一時新聞炒作拉抬（例如，對外放風聲將會有劃時代新產品問世，卻遲遲沒有量產的可能性）？

股票是人在買，而投資人的確可能受到消息面影響，不過，真正值得持有的公司，是本業實際收益成長進而推升股價的公司。並非所有的上升波動都好而下跌波動都不好，得仔細分辨造成波動的原因，避開消息面的飆漲，挑選名符其實的上漲股。因此，我們在蒐集資料時，必須懂得忽視提供資料者的意見或偏好，只看事實性資訊。例如，只看財報數據，不聽分析師或媒體的解析，自己解析。

還有，不妨多留意法律制度變革所帶動的商機。法律制度的規範變遷，通常會創造出一波新的商機，甚至會有因此受惠的企業。例如，歐盟立法推動電動車，有利電動車產業而不利油車產業的未來發展。

雖然我們是根據市場熱潮甚至是自己常用商品來選股，但是，要保持客觀理性的思考，盡量不要喜歡上自己投資的公司，否則會因為私心偏愛而出現錯判，導致錯失理想出脫或出手時機！

最後，不要追逐社群網站上的投資社群熱推的股票，當

我們看到那些消息時，可能已經晚了別人好幾步，不宜追價。

 **小心投資詐騙**

另外一個不懂不要碰的老生常談，很重要所以還是要提一下，那就是投資詐騙！

投資詐騙，通常本質核心是一樣的，只是用來包裝的投資案件不一樣。

不管是投資海外房地產、購買海外運彩、跟著老師的好投資項目一起賺或者其他類型，投資詐騙有幾個共同特徵，只要留意這些特徵，碰上了絕對不投錢，趕快封鎖、刪除、請教身邊朋友，或是通報 165 反詐騙專線準沒錯！

投資詐騙有哪些共同特徵？

1.承諾穩定分紅

不管是年、季或月投資報酬率分紅，只要對方可以跟你承諾，每固定週期就可以拿到可觀的分潤，而且絕對不會賠錢，那就一定是騙你的！

投資一定有風險，這世界上能夠打敗大盤的大概只有巴菲特等不到十人，其他承諾你可以打敗大盤、長期給你穩定分潤的，基本上都是詐騙！

　　他們的做法，不過是拿你提供給他們的本金，從中撥出承諾給你的分紅比例，直到他們不願意或無力再分紅給你（這要看他們這檔詐騙打算做多久、營業目標為何），就會人間蒸發，你才會發現，原來自己被騙了！

2.投資詐騙，通常都是分階段詐騙

　　例如，承諾你每個月分潤 10%，但要你先提供 10 萬元。前面三到四個月，你確實每個月都固定收到 1 萬元的分紅，因此相信這是真的。

　　此時，對方會問你，要不要加碼投資？

　　這次對方開口的金額，可能就是 50 或 100 萬元以上（而且到這個階段，你都還只有在 Line 或社群平台上跟對方互動，沒見過本人也沒有去過對方的辦公室，給錢也是直接匯到對方的帳戶）。如果你竟然也給了，對方可能還會再對你使出第三波攻擊。

　　投資詐騙之所以可以信口開河，承諾一般投資人（或團隊）無法做到的投資報酬率，那是因為羊毛出在羊身上，拿你給的本金給你分紅。其中一些因此相信真的能賺到錢的人，就會成為詐騙集團的待宰肥羊。

　　當你給對方的本金夠多，對方自然更有餘裕來取得你

的信任，反正分潤給你用的都是你的錢！這就是為什麼有一些詐騙案件曝光後，你會發現，竟然有受害人累計付出了幾千萬元給詐騙集團的原因。

　　天底下沒有投資不會賠錢、沒有風險，更別說在短週期內穩定獲利。如果有，那些聽起來好得不像是真的的投資案件，通常就是假的。若是真的有穩賺不賠的好案子，為什麼要到網路上拉陌生散客投資？找自己相熟的大戶一起出錢，成立私募資金來操盤，不是更快更可靠嗎？

3.假借虛擬幣名義的投資詐騙

　　虛擬幣本身是個很熱門的投資領域，也的確有不少人賺到錢，不過，虛擬幣的投資案卻不一定都是真的。有不少詐騙集團利用虛擬幣的新聞熱潮，包裝成詐騙案來騙人！

　　另外，虛擬幣交易平台的狀況混亂，屢傳倒閉或捲款潛逃事件。而市場價格波動過高，也造成虛擬幣投資的不確定性。但如果你能搞懂虛擬背後的區塊鏈技術應用原理，以及虛擬幣的獲利模式，加上能夠承受高波動風險，當然可以投入。

課後練習

建議每天花一個小時從事投資理財方面的學習，像是閱讀財經新聞或書刊、閱讀公司財報、觀看專業投資人撰寫的投資札記、聆聽財經 Podcast（播客節目），或找專業投資人聊聊。

第八章

長期投資、分散風險

長期投資，複利效應才能充分發揮

本書從一開始就提及，投資前，要先設定目的。

如果是為了退休生活做準備，那麼在此之前，此一投資帳戶內的資金，都是不可以動用的。就好像勞退一樣，直到屆滿退休年齡、符合資格之後，才能提領。政府之所以如此設計，是深知人們可能因為各種緣故，想要提前提領，可能中斷投資績效的累積。

此外，唯有超長期投資，才能幫助我們撐過熊市的低谷與牛市的非理性繁榮，讓複利效應持續運作，幫我們將本金越滾越大。

之前的章節有提過，巴菲特之所以能夠成為世界級富豪，是因為他很早就開始投資，而且一路堅持到今天，加上他的長壽，才創造了世界級的財務。如果他在 55 歲就退出投資市場，那麼，其身價可能不到現在的 1%。

所以，讓我再提醒大家一次，至少在退休生活準備金這一項投資目的，我們必須採取長期投資，不讓暫時的牛、熊市波動，讓我們提早離場。

分散風險，雞蛋不要放在同一個籃子裡

1952 年，經濟學家馬柯維茲在芝加哥大學研究所的一份作業中，以數學方法證明了，把所有雞蛋放在同一個籃子裡，風險太高。分散投資，才是最好的投資策略。

長期投資人絕少會將資金孤注一擲，壓在單一投資標的上。好的投資人會分散投資，因為唯有分散投資，才能對抗市場波動，而能夠抗衡市場波動與報酬變異，就是創造報酬最有利的武器。別妄想下場玩一把就能通贏通殺。

新冠疫情期間，台灣股市曾經出現幾家大漲的「航海王」，引發不少投資人追高，甚至有些人樂觀的認為，做完這一波就能夠退休。

也許真的有人能夠買在最低點而賣在最高點，然後順利掛冠離去，不過，絕大多數孤注一擲單壓航運股一家公司的投資人，應該都被拉回修正所教訓，還繼續在股票市場裡磨練。

分散投資，雖然會壓制上漲幅度高的投資標的的獲利情況，卻也能減少下跌幅度高的投資標的的虧損情況，收斂波

動幅度（變異率）。長期來說，分散投資的投資組合的投資報酬率好過單壓一支個股。

　　從統計學的角度來看，那是因為，隨著交易次數增加與時間拉長，極端值會收斂，回歸平均水準，稱做均值回歸（regression to the mean）。

　　1875 年，達爾文的表兄高爾頓，發現了這個現象。此一概念解釋了為什麼驕兵必敗、盛極必衰、漲多必然拉回、跌深就會反彈。因此，我們應該抱持著所有事情最後都會回歸平均值或常態的想法來做決定。

　　分散投資可以抑制變異率，將投資績效拉回均值。而長期來說，整體股票市場總值呈現穩健向上的趨勢，所以，只要我們的投資績效能貼近大盤，長期來說，投資報酬率一定是正的（如果當初進場剛好碰上熊市的相對低點，投資報酬率就更漂亮了）。

　　但是，也不是長期只持有一支股票，就無法賺錢。以台積電來說，若能不間斷的持有二十年，獲利率也相當驚人。前提是，要真的能夠長期不間斷地持有，不被市場的波動干

變異率

又稱「標準差」，是衡量資料中變異程度的統計方法。當進行兩個或多個資料變異程度的比較時，可以直接利用標準差來比較。變異數越小，偏離程度越小，風險也就越小；反之，變異數越大，偏離程度越大，風險也就越大。

擾持有意願（無論是上漲夠多而想出脫、獲利了結，還是下跌太多出現帳面虧損，想要停損認賠殺出）。

大部分的投資人，因為厭惡損失的可得性偏誤（賠錢的痛苦遠勝過賺錢的快樂），無法做到長期持有單一個股，不受暫時的波動干擾而變賣投資標的，而且並沒有持有真正能夠長期獲利的績優／龍頭股。所以，不建議只長期持有一檔投資標的，建議從不同金融商品中挑選出一組能夠抗衡風險的投資組合，並且長期持有（第十二章將會介紹資產配置的方法）。

只要願意遵守第六章的投資規劃，不動用生活中的支出來填補投資，也不提早將投資帳戶的收益變現，透過持有股票的分紅配股，順利完成持有成本的攤提。那麼，就不會需要在熊市時變賣投資標的，造成最終獲利率下滑，到了原本設定的投資目標時，也不用退場，可以繼續留在金融市場上，讓資金繼續複利！

穿梭牛、熊市、對抗波動、無懼資產帳面價值漲跌最好的方法，就是分散風險並長期持有。

可得性偏誤

或稱可得性捷思法，是指人們在討論特定的主題、概念、方法或做出決定時，依賴腦海中直接浮現的例子，也就是類似經驗法則的思考判斷。

即便一無所知，仍能管理風險

雖然我們不知道未來會發生什麼事情，不過，當我們願意承擔風險，代表我們賭上自己所做的某個決定，將可能產生不好的結果。

分散投資之所以能夠有效控制風險，背後的意義是，就算我們不知道未來會因為什麼事情造成股票市場波動，也有辦法將損害縮到最小、將獲利盡可能極大化！因為我們身處的世界，並非完全混亂隨機，而是遵循著某種秩序在運行，那就是均值回歸所揭示的漲多必跌與跌深反彈。

市場上不少自認為能夠洞悉世事的精明投資人，高估了單一事件或趨勢對整體大環境的影響，或是誤以為，唯有充分掌握資訊，搞清楚到底發生什麼事情，才能做出良好的投資決策。

其實並非如此。欠缺足夠資訊時，我們可以依靠外推法，以過去經驗作為判斷未來的參考依據，推估可能的發展趨勢。

人類能夠精準預測的只有明天跟比較遙遠的未來，而不

外推法
根據從過去到現在的發展趨勢，進而推斷未來的方法。

久之後的一到三年間，最難推估。好比說，2006 年時，全世界沒有多少人能預見金融海嘯；2019 年時，沒人能預見新冠肺炎的全球大流行；2021 年時也沒多少人能預見俄羅斯將會入侵烏克蘭。

然而，我們多半有信心，十年後資本主義市場經濟型態仍會存續，且屆時的科技發達程度遠勝今天。那麼，我們就可以根據多數人有共識的未來，挑選現在值得投資的標的選項。

第九章

識破常見的金融商品銷售話術

本章要來談一談，金融界銷售金融商品時，常用的銷售話術與廣告文宣中，暗藏使人感到焦慮不安的說法。

金融界的收入來源，是投資人加入後的各種管理費與手續費，而不是賺錢後的分潤。因此，能否吸引更多投資人與資金加入其所販售的金融商品，關係到他們的生計。

雖然金融從業人員的生計很重要，不過，還是看好我們的荷包，不被行銷話術或廣告文宣誘發的焦慮或欲望所蒙蔽，掏錢購買了不需要的金融商品，導致日後發現自己買貴了，以及把未來潛在收益雙手奉送給金融機構。

金融市場有很多人想要拿走你的一部分財務，金融體制裡到處都是漏洞。證券公司、基金公司、銀行等金融機構，都想從你的財務中分一杯羹，你必須識破其中的謊言，避開地雷。

首先，最常見的一種話術，就是你的退休生活準備金遠遠不夠你退休所需。

關於這一點，某種程度上金融機構說的沒錯，大部分國人的退休準備金的確不足。

不過，雖然我們可能準備的不夠，但是金融機構宣告的退休生活準備金金額，也有點偏高了。大部分金融機構透過

民調或統計數字做出來的退休生活準備金金額，都超過 2000 萬元新台幣／每人。

實際上，國民當中淨資產能達到 2000 萬元新台幣以上的，只是相對少數。而且，這樣一個平均數字，很難看出個別差異。最後的結果，就是誘使大部分看到廣告的人感到焦慮，開始考慮加入金融機構所販售的退休理財金融商品。

如果想過豪奢的退休生活，一個人 2000 萬元新台幣可能還不夠。然而，如果只是基本的過日子，真的用不到那麼多。

前面的章節我們已經帶著大家試算過自己的實際退休生活準備金。具體金額，因人而異。例如，有自用住宅和商業保險的人，若領有月退俸或不打算退休，那麼退休生活準備金就不需要準備太多。

我想說的是，每個人固然都應該準備退休所需花費，但不要被對未來前景的不安焦慮所迷惑，而設定了過高的目標。

退休生活準備金的財務規劃，應從達成基本生活所需出發，若日後發現有可能上修，再來重新評估。先求有，再求好，不要被焦慮不安驅動，購買了過多非必要或高風險金融商品。

第二、小心那些希望你將所有資產交給他們管理，或宣

告自己能戰勝市場的金融機構。

雞蛋不要放在同一個籃子裡。

從金融海嘯到矽谷銀行倒閉、從素來頗有信譽的瑞士信貸遭逢營運危機,到俄羅斯因為入侵烏克蘭被西方國家制裁、凍結資產,世界上曾經或正在發生的事情提醒我們,不只購買金融資產必須分散風險,存放資金的金融機構也應該分散風險,不要把錢全部放在同一家金融機構。

所以,務必小心那些希望你將所有資產交給他們管理的金融機構。不管他們承諾的獲利率有多好、不管他們過往的投資績效有多棒,總之,不要把錢全部放在同一家金融機構。況且,長期來說,沒有人能戰勝市場,至少大部分的主動管理基金都未能戰勝市場。

長期投資人首先要思考的不是獲利極大化,而是投資成本極小化,也就是需要分給金融機構的各項規費能夠越少越好。

以進出股票市場的手續費來說,越是大戶,折讓越多,手續費越便宜。而所有規費都能跟金融機構議價,不要傻傻地接受報價。

市面上的基金、證券公司和銀行,都是利用你的錢,去

購買能讓他或他的公司賺錢的商品，而且，不管最後賺錢還是虧錢，都要收手續費及管理費，若有賺錢還要分紅。難道能不仔細檢視其收取規費的明細，搞清楚狀況嗎？

貨比三家不吃虧，挑選基金時，也可以多看看其他證券或銀行推出的類似版本。

還有一點要小心，金融機構經常會把規費分拆成非常多名目，讓每一項名目看起來都只有收取一點點手續費，好像你支付的只是一點小錢，還會告訴你，攤提到每一天，其實只需要少少的零錢。

不要被這些分割計算的話術所蒙蔽，仔細找出所有的規費明細，將所有費用加總，算出真實的規費費率，再評估金融機構是否有收取過高的規費或佣金。

金融商品的持有成本，經過數十年的複利效應後，也是一筆不小的金錢。不是不能把錢給金融機構賺，但應該挑選自己真正信任的優質團隊，而不是耍小聰明，想隱藏真實成本的單位。

我的建議是，盡量尋找年度總持有成本在 1% 以下的金融商品，以共同基金或 ETF 為例，就是要選擇每年管理費低於 1% 的標的。

第三、金融機構承諾的獲利（率），不等於最後到手的錢。

金融機構在宣傳旗下金融商品時，肯定會計算出獲利（率）並加入文宣，然而，這些通常是稅前與規費收取前的數字，我們需要的是各種規費與稅務成本扣除後的實際數字。這個數字跟我們所投入資金相除後，才是真正的獲利率。

第四、你的理專顧問真的是你的理專顧問嗎？

有一點很重要，不管你的私人理專多麼體貼、善良與專業，他們首先都是金融機構的員工，其次才是你的理專顧問。

若是您的理專顧問總拜託您加碼、幫忙做業績，或者沒辦法建議您觀望或不買，只會鼓勵您頻繁買賣，那麼是時候換個人了。

只要投資收益持續成長，有時候不聞不問、不往來也無妨。但如果發現，遭逢劇烈衝擊之前或之後，都得不到理專的建議或關懷，那也可以考慮換人。

還有一點很重要，大部分專業經理人並不持有或管理所推薦之金融商品，因此，他們只能告知你相關資訊，卻無力介入改變。如果您的理專顧問是能夠直接決定金融商品的主事者、決策者或操盤手，那會好一些。

最後，務必留意拼命跟你推薦各類金融商品，自己卻一點都不買，甚至另有投資規劃的理專顧問，最好不要相信他們的話。他們很可能只是把推銷商品當成工作，自己都未必認同這些金融商品的價值。

《黑天鵝效應》的作者塔雷伯說得好，那些自己並沒有真正參與其中的專業建議，不要聽信或採納（因為出事不會有切身之痛）。請務必尋找跟你利害關係一致，幫你賺錢而不是只顧幫自己賺業績的理專顧問。

第五、不要相信富貴險中求、高風險才有高收益的說法。

高風險才有高收益、低風險收益就低，其實未必。分散風險的資產組合，長期來說，既能規避風險，投資報酬率也不差。

有一些衍伸性金融商品，像是導致金融海嘯的房貸證券化商品，就是風險極高但卻無法創造報酬。

識破金融銷售話術的關鍵：誰有錢，誰訂規則

牢記一件事情，誰有錢，誰訂規則。有資金可以購買金融商品的你，才應該是決定遊戲規則的人。

你可以自己決定資金要怎麼分配，金融機構的專業經理人乃至市面上的金融商品，只是協助你完成財務規畫目標的工具，不要讓他們拿走你的投資主導權，不要讓自己成為不能表達意見或是下達最後決策的人。

所以，老話一句，不懂的金融商品不要碰，搞不懂規則的比賽不要下場玩。

你必須先學習遊戲規則，然後你玩得比其他人都好，才能不被騙，也不會因為被貪婪或恐懼蒙蔽而誤判。

實踐你的理想退休生活需要多少費用？

我們常常過分高估了實踐理想人生的花費，特別是高估退休生活的實際花費。而本書一開始，我們就花了一點時間告訴大家如何計算，過自己理想退休生活的預估金額。

我建議你，現在就坐下來仔細思考，推估出真實數字後（建議可以計算低、中、高三個版本），再先減掉自己確定可以到手的退休金、年金。

最後的最後出現的缺口數字，才是你真正需要透過投資理財賺取的部分。每隔一段時間，就根據當時情況重新估算，

你對於實踐理想的財務自由目標就能更加明確，也能減少無謂的焦慮，並且更可能實踐！

第十章

造成非理性買賣的心理成因

假設你急需用錢，然而大部分資金都在股市時，你會賣出目前帳面虧損的股票，還是目前獲利的股票？

大部分人，都會賣掉賺錢的股票，留下虧損的。因為多數人相信，虧損的股票，將來還會漲回來！

行為金融學認為，人在面對虧損與獲利時的風險偏好不同，獲利時厭惡風險，希望落袋為安，虧損時卻偏好風險，希望放手一搏！

行為經濟學也指出，人性更厭惡虧損的感覺，賣掉帳面虧損的股票讓我們感覺更不舒服，而賣掉帳面賺錢的股票讓我們感覺愉快。在面對虧損與獲利的不同心理帳戶等諸多因素共同作用下，多數人直覺上會選擇賣掉賺錢的股票，保留賠錢的股票。

然而，有什麼根據支持，賠錢的股票之後會上漲，而已經賺錢的股票，未來不會持續上漲呢？這裡並不是要說，賠錢的股票未來就不會漲而賺錢的股票未來不會跌，而是在直覺思考的情況下，人們會選擇處分賺錢股票、保留虧損股票。

股票會大賠小賺，也是基於上述的認知偏誤。虧損的時候，還想繼續抱著，賺錢了卻坐不安穩，只想趕快獲利了結。這也是為什麼投資達人建議人們長期投資、透過投資組合分

散風險。除了對抗客觀世界的波動，更重要的是對抗人們內心主觀的感受。

　　想要從金融市場獲利，必須克服人性中的貪婪、恐懼、道聽塗說、聽從小道消息以及非理性思考的決策模式，做個能夠根據事實資訊下判斷的客觀理性投資人。

　　本章探討的問題，非常重要，某種程度上可以說是最重要的一章。市場上有許多投資人之所以無法賺錢，未必是沒有專業知識，而是因為無法克制內心情緒波動的干擾，讓自己在明知道客觀證據是如何的情況下，硬是做出了不利於自己的決策。

　　知名認知科學家賀伯賽門說，人並非如經濟學預設的是完全理性的動物，而是有限理性的動物，我們的認知有其侷限與盲點，所做的決策經常根據有限理性跟不完整的有限資訊，因而導致錯判。我們必須要很小心、很小心，且不斷提醒自己：自己既不理性、沒有那麼聰明、不是全知全能、不要只跟著某些過往經驗或內心直覺走，要多思考多蒐集資料。

　　本章接下來將介紹一些，源自行為經濟學與行為金融學，容易讓投資人做出錯誤決策、害你虧錢的心理偏誤。請務必仔細閱讀並且自我評估，若有符合的情況，務必要努力克服：

1.所有權偏誤／稟賦效應

指當東西成為自己所有物後，對所有物的估值會不自覺加權與偏袒，當有人想要向自己購買時，開價不自覺偏高。

舉例來說，你有一個用 100 元買入的馬克杯。才剛買下沒多久，也還沒拆封。而此時有個朋友跟你說，這個杯子他尋找多時，一直很想要，希望你轉讓給他。也許基於朋友情誼，你還是會用 100 元賣給他，但是，其實你內心的感覺是，這個杯子不只 100 元，只用 100 元賣出讓你感覺心疼，如果可以，希望至少能賣 120 元。

所有權偏誤會讓買入股票者，誤判自己的股票值得比客觀估值更高的價錢，導致容易錯失出脫的時機。

2.沉沒成本謬誤

本章一開始的問題，就能用來解釋沉沒成本謬誤。

沉沒成本謬誤指的是，無法割捨已經花掉的錢，因而面對虧損，希望等待帳面價值漲回來後再脫手，甚至以攤提的名義繼續加碼。簡而言之，無法對自己承認那些賠掉的錢已經回不來了。

沉沒成本謬誤在日常生活中隨處可見，例如，買了一張電影票進電影院後，發現電影很難看，卻還是把電影看完了，

因為票都花錢買了，覺得不看很浪費。實際上看完難看的電影，不只錢回不來，還浪費了寶貴的時間。

3.損失趨避謬誤

本章開頭已經提到過，人多半有厭惡損失的心理，因此人的行為決策不自覺的會選擇規避損失。然而，購買金融商品，很少不會出現遭遇下跌或熊市的向下波動。若無法克服下跌就讓人感覺厭惡、感覺虧損的心情，是很難做好投資工作的。

多數投資人之所以熱愛當沖、隔日沖或搶短線，就是覺得沒有預測中長期價格變化的能力，有可能承受無法預期虧損造成的厭惡，乾脆快進快出。

日本有個投資專家，在還是投資界菜鳥的時候，設計了一套方法來克服（或者說麻痺）持有股票的波動產生的厭惡損失感受，那就是設定一小筆資金，不斷密集的進出買賣。該名專家說，大概買賣五百次之後，那些隨著指數波動的情緒波動慢慢就平息了，爾後不管指數怎麼起伏，都能平常心以對。

我自己則是有一個建議，那就是在全部資金進場建立投資組合之前，先花一小筆錢（3萬元左右），進場購買一點股

票（如今可以買零股了，可以將想買的公司都買一點），接下來，每天觀看指數波動，親手書寫紀錄指數的變化，同時，寫下對於指數波動的感受。

持續記錄一到兩年，就能克服股票指數造成的內心波動，能夠更為客觀地看待金融市場的波動。附帶一提，黃金、外匯、基金等，但凡會出現價格波動的金融商品，都適用這個方法。

4.心理帳戶

幾乎每一個人都有自己的心理帳戶，因為我們每一個人看待不同事件時的評估標準並不相同。

為什麼容易賺的錢，也容易花？而辛苦賺的錢，花起來卻很珍惜？就是因為心理帳戶在作祟！這也是許多人之所以無法客觀看待指數漲跌的原因之一。

例如，您可能為了存下進入金融市場投資的第一桶金，吃苦耐勞好幾年。然而，一進場買完股票，隔天就來個外力重擊，您所持有的股價應聲下跌 10%，帳面上虧損了 10 萬元。此時，您還能客觀、理性地進行交易嗎？

而基金經理人或操盤手，因為是花別人的錢投資，賠錢比較無感（除非會因此丟掉工作），也因此更願意積極出手、

增加交易次數或交易規模，雖然賺錢時可能會多賺一些，但是賠錢時卻也可能會多賠很多。

這也是為什麼長期投資的投資人一再告誡，盡量減少交易次數，不要輕易出手的原因。

5.後見之明偏誤（事後諸葛）

事情發生後，才來悔不當初，懊悔地想著要是當初如何如何就好了！

好比說，昨天你原本想進場撿一檔股票的便宜，但沒有出手，收盤前雖然發現股價已經拉了上來，還是因為猶豫而沒買；隔天股價一飛衝天，漲停鎖死，且看起來還會連續漲停好幾天，讓你懊悔不已。

事後諸葛的馬後炮謬誤，通常是因為我們把前面發生的事情與後面出現的情況視為因果關係。而且，一旦如此設想後，就會在內心啟動滑坡謬誤思維，開始過度誇大地推論往後的情況，讓不利於自己的結果放大，自己的懊悔也越發跟著放大。

實際上，一連串的因果連結都只是我們根據後來發生的事情追加的聯想、編寫的故事。

滑坡謬誤
使用連串的因果推論，並誇大因果強度，從而得到不合理的結論。

185

　　容易被這樣的因果連結困住的投資人，往後再看到值得入手的投資標的時，很難不聯想起過去的慘痛經驗，於是產生錯判。例如，上一次因為猶豫沒買，後來股票飆漲，這一次則毫不猶豫地進去搶，結果股票反而開始崩跌，持續跌停鎖死。

　　要記住一件事情，每一次的投資都是獨立事件，與其他投資事件是不相干的互斥事件。每一次的投資，都要根據該次的情況進行判斷，不要被過往的類似投資經驗干擾了判斷（即便是同一檔股票）。

6.計畫偏誤／樂觀偏誤

　　指對於自己所擬定的投資計畫，有過分樂觀的傾向。例如，對於自己的投報率、年化報酬率的估算，乃至打算出手買入的股票的市值或公司營運狀況的評估，都過於樂觀，估計過高、偏離真實。

　　計畫偏誤／樂觀偏誤是很常見的，因為人們在估算時，還沒實際經歷過，因此容易忽略沒能事先注意的細節，導致出現錯判。

　　舉例來說，老闆問你什麼時候可以交報告，你給出的時間，通常做不出來，實際上可能還得延長一倍左右。再好比

說，作家跟出版社說，寫好一本書的稿子大概需要一年，結果寫了兩年都還沒寫出來，這些都是計畫偏誤／樂觀偏誤使然。

您是否有發現，金融機構的分析師對股價提出的預期價格，通常都估價過高，公司實際上很少真的達成當初分析師所預估的目標價格。

樂觀偏誤常會導致不切實際的樂觀，覺得自己的實力遠勝其他同儕或同業，或至少勝過平均值。當人過度高估自己的能力與運氣時，便可能不會採取合理的預防風險措施，甘冒比較大的風險，結果反而讓自己損失慘重。

克服計畫偏誤／樂觀偏誤的方法，就是直接針對自己估算的結果灌水、降低估算的數字，或是延後達成的時間。

7.確認偏誤

這個情況類近計畫偏誤，只是確認偏誤不一定是過度樂觀，也有可能是過度悲觀。並且，確認偏誤的人在評估投資標的時，常常只蒐集對自己有利的資料，忽視了另外一面的資訊。

確認偏誤的人，會根據自己已經決定好的結論，蒐集符合自己結論的證據，甚至只看這些證據就建立投資模型，並

且在真實世界出現跟自己建構的模型不一致的訊號時，選擇忽視。

更糟糕的情況是，這樣的人竟然偶爾會命中結果，加深其確認偏誤傾向，直到最後被市場客觀現實教訓。

永遠提醒自己，如果不希望辛苦賺的錢血本無歸的話，要多方蒐集意見，不要只聽信符合自己結論的證據。

8.整付款項偏誤

人們對於經常性的小額開支較為精打細算，對於非經常性的大筆支出或意外收入卻較為無感。

舉例來說，超市的青菜折扣，價差可能只有 5 元、10 元，卻會不斷比價，思考哪一家的菜最便宜。然而，基金申購的手續費與管理費，卻因為投入的金額較大且較少接觸，而覺得沒關係，不差那 0.1%。

實際上，0.1% 的手續費可能要在買菜時精打細算好幾個月才能省回來。

想要克服整付款項偏誤，最好的做法就是察看絕對金額的多寡，不要看數字比例，避免同樣比例但是因具體金額大小規模不同產生誤判。

另外，還要小心對小錢無感，如果總是隨意出手購買便

宜的小東西，長期累積下來，可能浪費不少金錢。

投資達人因此提出拿鐵效應，提醒大家，一天喝一杯拿鐵看起來沒有花太多錢，實際上，一天 50 元，一個月就是 1500 元，一年就是 1 萬 8 千元，三十年下來就是 54 萬元。

如果把每月 1500 元拿去投資，放在年均報酬率 8% 的工具上，經過 30 年後會成長到 220 萬元，這等於我們花了 220 萬元喝咖啡。

此時此刻花出去的錢，如果存下來不花，拿去投資，三十到五十年後，這筆資金將能夠創造巨大收益，但我們卻甚少留意。這就是為什麼有一些投資達人穿著與生活都很簡樸，不願也不敢隨便揮霍金錢的原因。

9.可得性捷思偏誤及近因效應

我們在做決策時，往往採用最快浮上心頭的想法或證據來支持自己，而不是經過嚴謹檢驗的證據。聽信小道消息或是決定買入最近市場上經常有人反覆討論的熱門股票，而不參考其他資料證據，就是一種可得性捷思偏誤。

近因效應指的是，決策時只根據最近聽說的看法或證據來評估，沒有仔細從頭或全面的瞭解情況就下判斷。

拿鐵效應
指日常細碎生活習慣，看似微不足道累積下來卻相當驚人。

在投資領域,可得性捷思偏誤跟近因效應經常一起出現,干擾投資人的投資決策,造成錯判,務必小心。

出手之前,請務必全面的評估,從長計議。就像巴菲特會自己讀財報、找公司營運團隊詢問問題,再自己評估,不受市場上的消息波動干擾。

10.均值回歸

漲多必跌、跌深必然反彈,一時的劇烈波動,無論向上還是向下,長期來說都會往中間收斂,回歸常態/均線。

均值回歸認為,傑出成就是罕見的異例,長期來說,任何個人或團體的表現會保持某種均值常態,極端成果不會接連出現,而是會稍微修正,回到均值常態。比如剛演出某部票房破紀錄作品的演員,下部電影的票房繼續破紀錄的可能性極低,比較可能是拉回,而非創新高。

千萬別讓創新高或創新低的市場行情、過熱或過糟的一時劇烈波動,干擾了你我的投資判斷。

11.從眾行為

從眾效應,指不自覺的選擇跟其他多數人一樣的答案或選擇,即便是錯誤或不是自己想要的。例如,當比較多人的選擇明顯是錯誤的答案,此時即便你知道正確答案,也會選

擇隱匿不說，屈從接受多數人選擇的答案。

人類是社會性動物，經常會不自覺地模仿其他人的行為模式，特別是周遭的人都在做某一件事情時，基於社會壓力或從眾性，往往會跟著做。

非理性繁榮的飆股，或是跌深後的繼續殺低，常常都是從眾行為推了一把，眼見其他人都在做某一件事情，即便自己內心隱隱然覺得不對勁，卻還是無力或不敢跟多數人反著做，於是就跟著跳進去。

如果仔細讀巴菲特的金句，你會發現，他建議的投資心法，經常是要採取跟多數人相反的行動。像是在他人恐懼時貪婪、在貪婪時恐懼，就是說他人都在追高大盤時，要居高思危；當他人因為害怕都在賤賣持股時，要開始逢低布局。

逆向思考、凡事三思、多方蒐集不同意見的資料、避免單側偏誤，都是有助於我們克服從眾行為的做法，請務必留意！

行為金融學的奧義——根據他人的非理性決策，做出投資決策

　　好公司不等於股票好，壞公司不等於股票壞。

　　假設一家好公司股票價值 20 元，一家壞公司股票價值 10 元，過一段時間後，好公司股價來到 40 元，壞公司跌到只剩 5 元，此時，好公司的股票還是好股票嗎？壞公司的股票，依然不值得買進嗎？

　　傳統金融學相信效率市場假說，不認為股價有可能錯誤，就算有也會快速被修正；行為金融學則相信錯誤定價普遍存在，因為人性是非理性的，決策受人性偏誤干擾。

　　凱因斯的選美博弈理論中，「選其他人覺得漂亮的人」，是因為成功選（猜）出獲勝者的人可以獲得獎勵；而行為金融學也是一樣的邏輯，當我們選其他人覺得好的股票時，也是可以獲得較高的報酬。所以關鍵不光是我們怎麼想，而是市場上的資本持有者背後的人怎麼想，您得選別人覺得聰明的選擇。

效率市場假說
如果在一個證券市場中，價格完全反映了所有可以獲得的訊息，那麼就稱這樣的市場為效率市場。

　　大盤或許無法預測，想打敗大盤者的心理與行為模式卻可以判讀，這是行為金融學的重要立論基礎：做出跟犯錯的投資人相反方向的操作。

　　行為金融學的奧義，不只是認清自己的思考侷限。因為縱然自己能夠克服思考盲點，市場上其他投資人卻未必能跟自己一樣洞察自己的思考盲點。

　　有一派投資人認為熟悉的產業／公司不要買，就是基於行為金融學的可得性捷思偏誤與確認偏誤：你可能對於標的過於自信而錯判。

　　真實情況是，市場上到處都是非理性的行為，因此，行為金融學的另外一個作用，是讓理性的投資人，有機會搶在這些人之前，趁亂搶到位子，賺取到乖離的價差。

　　只要市場上還有非理性的投資人，持續追高殺低、高買低賣，就不可能出現超越大盤的投資表現。因為，近年來市場上出現專門針對投資人思考偏誤進行攻擊，套利賺取價差的行為金融策略，最有名的應該是 Athena Behavioral Tactical Fund。這些人認為，市場並不遵循純然理性的運作方式，所有的機會都應該充分利用，不容錯過。

　　乖離
用詞來自乖離率，當日收盤價或市價與移動平均線的差距，可用來分析某期間內價格偏離平均價的程度。

因為人是非理性決策者，所以市場一定會有過度反應狀態（或反應不足），長高後必然拉回、跌深後必然反彈，而突發重大事件也可能讓股價出現一時的巨大乖離。

行為金融學最大的特點，不是透過解析公司價值或獲利能力來挑選股票，然後打敗大盤或貼近大盤，而是解析市場上投資人的人性偏誤，跟隨或打敗那些試圖打敗大盤的人或組織，等待他們出錯，再從中牟取利益。例如當沖族或漲停敢死隊，就是藉由判斷其他人的選擇進行金融交易。

一支股票，若本益比已經很高，但市場上的投資人卻仍持續加碼追高時，搶短線的人就可以透過行為金融學的觀點，判讀市場追捧的大趨勢是否會持續。雅虎在網路泡沫化時期，本益比曾經高達一萬一千多倍，就是受市場追捧推升，並非因為它基本面好。

非理性繁榮立基於人類的非理性思考，而非客觀的經濟數據。當一個人過度自信時，會輕忽風險訊號，做出過度交易，導致錯判或投資成本過高。

股票分析師、理專、名嘴的推薦之所以不可盡信，在於他們背後有另外一個計算績效的標準，並非只是所投資金融

基本面
利用「財報」的各種數字判別這間公司的「價值」，作為買賣的依據。

商品變現後的獲利（手續費是主要獲利來源），此外，還有定期結算、投資人贖回等外力，會導致得被迫在非最佳時機處分金融商品。

人的決策是非理性的，往往會在內心對事情的重要性進行加權，因此事情發生的客觀機率與我們主觀想法並不一致，人總會高估低機率事件、低估高機率事件！

行為金融學的知識，除了能讓投資人試著克服內在衝動與思考盲點、減少錯誤的投資決策，也能用來衡量市場上其他投資人的動向，決定出手時機！

上述兩種使用方法，沒有對錯，端視每一個投資人所信奉的投資哲學而定。不過，我建議個別散戶投資人，還是用來克服自己的弱點就好，因為一般的投資人其實不知道市場上正在發生的事情，是哪些人或機構犯的哪些思維偏誤所導致。

投資人贖回
投資人因為主觀或其他因素賣出持有的股票、債券等。

課後練習

蒐集一些市場上的非理性決策訊號，想一想是哪些思考偏誤所導致？如果我們要設計反制方案，該如何布局？

第十一章

投資，從親身體驗開始

本書最終要介紹的投資方法，是建立分散投資的資產組合，並以該投資組合進行長期投資，得到退休生活準備金。

而在我們存夠第一桶金或累積到足以進行資產配置的金額之前，不妨先拿出一小部分金錢（3 到 5 萬元即可），開個證券戶小試身手。一方面累積經驗，另一方面也強迫自己留意市場資訊，更能觀察自己的真實風險偏好，還有對股價波動起伏的情緒感受。

或也可以採用《黑天鵝效應》作者塔雷伯推薦的雙槓鈴策略，從資產中拿出 10% 放在高風險高獲利的投資標的，其他 90% 則使用分散風險的資產配置手法進行投資。

或許有人會問，那能否使用定期定額扣款的方式購買基金？那也是小額投資，而且一個月只要幾千元，還可以強迫儲蓄。

如果是在原本就有的儲蓄跟投資規畫之外，每個月額外再撥出一小筆錢，定期定額扣款購買基金或 ETF，當作存錢或累積第一桶金的方法，不在意損益，且能夠長期持續下去，當然很好。累積財務這件事情，不怕多，只怕少（前面的章節也曾提及，如果購買儲蓄險有助於累積第一桶金或強迫儲蓄，那就去買）。

不過，如果只用這種方式累積財務，我則是不太建議。

通常會採取定期定額扣款方式購買的金融商品，大多是主動式基金。之前的章節也已經分析過了，主動式基金的手續費、管理費等各項規費加總起來，比例不低，會侵吞獲利。

定期定額看似只是每個月撥一筆固定費用放入投資，一年的固定投資成本容易計算，可是損益的攤提計算卻變得困難，得仰賴基金公司提供的對帳單。但對帳單可能還包含了其他各種成本攤提的計算，讓事情變得複雜，導致你搞不清楚真實的損益與投資報酬率。

定期定額購買某項金融商品雖然有其優點，但不宜當成主要投資方法，最好還是累積足夠的一桶資金，然後進行分散風險的資產配置。

大體上來說，手頭資金、投資標的和資產配置之間的關聯性，有以下幾種層級：

1. 手頭資金在 10 萬元以內

若手上資金還不到 10 萬元，不妨抱持先試試看的態度，積極學習蒐集與分析資料的方法。

此時，50% 的資金可以做分散投資，另外 50% 則試著尋找自己最擅長、最有把握的投資主題，集中一點深耕研究，

觀察股價波動、紀錄數字變化。

　　這個階段的主要目標是操練投資實務,讓自己熟悉投資的各種理論、方法,習慣停損、停利,不要拘泥於帳面損失或獲利,重點是不斷去挑戰、實作、累積經驗,讓自己用身體記憶投資市場發生的事情,感受股市的變化對自己身心靈造成的影響。

2. 手頭資金在 10 萬到 30 萬元之間

　　當資金來到 30 萬元時,你應該已經逐漸習慣金融市場的波動跟買賣,也逐漸瞭解自己擅長的投資領域的狀況,擁有可信的消息來源、也懂得分析、解讀訊號,錯判情況慢慢減少、勝率開始提升。

　　此時,投資標的可以略為增加,同時開始學習資產配置的布局,觀察金融市場中各種不同金融工具彼此之間的連動性。

3. 手頭資金達 100 萬元以後

　　用於投資的金融資產累積達 100 萬元後,可以開始思考如何分散投資,建立投資組合。這個部分,接下來的章節會跟大家介紹。

4. 手頭資金超過 1000 萬元

金融資產達 1000 萬元時，你應該已經完成自己的初步投資組合布局，往後就是按表操課，透過不斷的再平衡，維持資產組合的獲利率。

到了這個階段，你應該會開始覺得，靠投資獲利變得較為輕鬆，理財已經是生活中不可分割的一部分。

5. 手頭資金超過 3000 萬元

金融資產達 3000 萬元時，已經達到初步的財務自由。

通常能夠走到這個階段，代表一直以來，你的投資觀念與操作方法都沒有出現重大誤差、判斷大致都正確，已經累積不少成功經驗。往後就是繼續維持，不要輕易更改投資模型。

資產規模放大後的投資重點是「不讓資產減少」，因為此時若出現錯判，虧損的規模也會較過往龐大許多。這也顯出過往鍛鍊心理韌性的重要性，唯有扛得住帳面數字鉅額損益起伏的人，才有辦法繼續往前推進。

此外，不要在只找到差強人意的投資標的的情況下就進場，守住自己資產組合的獲利率，就已經是很棒的投資方式！

此時的目標，會更著重在心性品格與回饋社會，因為技

術與心法已經不會是你最關切的事情。完成資產配置的投資人，每天的工作就是紀錄資產配置的淨值，評估是否要調節手上的資產，進行再平衡。

　　以上每一個階段都有一個共同重點，那就是永遠都要保留三成現金在帳戶裡，在調節資產配置時可以更有餘裕。

給在股市榮景的末升段才入場的投資新鮮人的一點小提醒

　　剛開始進場投資的朋友們，最需要小心的是牛市的末升段。

　　當你僅因為市場大熱，身邊的人都在投資且看似賺了不少錢而心癢下場，即便前幾次賺了一些錢，但最後通常都會被大盤教訓。

　　當股市開始反轉向下，怎麼買怎麼賺，變成怎麼買怎麼跌，原本帳面上賺的已經賠光，還押了原本的積蓄進去攤提或支付融券時，不但資金被卡死，情緒與生活也會被搞亂。

融券

也稱為做空或放空。以股票舉例，是指若現在手上沒有股票，先向證券公司借股票並賣出，待未來再買進股票償還，標的若下跌賺錢，若上漲則賠錢。

若確定投資是自己會一輩子持續做下去的事情，那麼，你就是長期投資人。長期投資人不能只看眼前，憑一時的勝負或心情就做決策，必須用泰山崩於前而不改色的平常心面對所有波動起伏，才能真正走得長遠。

真正的投資達人，是懂得避險與挽救投資失利，讓自己持續留在場上

即使是投資達人，也不是永遠能夠買低賣高、順利預測大盤走向，更不可能提早看出系統性風險降臨的時機。他們也會被系統性風險重創、也會賠錢。

2008 年金融海嘯來襲及 2020 年新冠肺炎疫情封城造成全球股票市場崩跌時，不少投資高手也都受到衝擊，帳面損益出現負數。只不過，他們沒有因此被打倒、沒有情緒失控，而是很快的擬定好對策，迅速修正投資模型，尋找減災攤平，乃至重新獲利的操作方法。

面對系統性風險，投資達人們最多隔年就完成虧損攤提，甚至賺到一波反彈，不若其他散戶可能因為股災的恐慌而認賠殺出，幾次錯殺之後，本金大幅萎縮，甚至因為槓桿操作

而賠光資金，被迫離場！

　　真正拿出身家投資之前，要先練就完全能夠平常心面對股市波動，讓數字只是數字，沒有自己私人情緒的投射，否則不宜貿然押入全部身家。先用小筆資金鍛鍊自己的心智韌性，方為長遠之計。

第十二章

逐步建構資產配置

資產配置，指同時投資不同標的，然後把這些投資組合在一起。資產配置的重點不在衝高獲利率或年化報酬率，而在持久穩健且能夠有效分散風險，並使自己的收益最大化。

要能長期穩健獲利，90% 靠正確配置投資標的，使其能分散風險又能穩健創造利潤。

而想要讓資產配置夠穩健，首先必須設法降低投資成本。好比說，長期持有相對頻繁進出，可以省下不少手續費跟稅務支出。再好比說，被動式 ETF 的管理費比主動式基金低。

值得一提的是，被動式基金或 ETF 雖然持有成本較低，但要小心評估自己入手的標的物，資金規模太小或流動性不好的不要買。投資標的如果是期貨、衍生性金融商品或高風險金融商品，也不要買。

如果是一般投資人，不妨挑選被動式基金或 ETF 中規模最大的，避開名不見經傳或資本量太低的。並且不使用槓桿操作、不融資、融券、不碰期貨等衍生性金融商品，只以現金買進值得長期持有的優質金融商品。

特別是高收入、高稅率級距族群的投資人，應該更加小心

融資

融資是跟證券公司貸款買股票，證券公司通常貸款六成，剩下四成則須自備。融資借款年利率約在 6% 到 7% 之間，按日計息。

地估算每年因為買賣金融商品產生的獲利、必須繳交的手續費、管理費與稅金在獲利率的占比。當資產越多但一樣有整付款項偏誤（框架偏誤）時，付出的絕對金額就會很巨大了。

雖然台灣目前沒有銀行倒閉的案例，但還是建議在進行資產配置時，不要將資金全部放在同一家銀行或證券公司的帳戶。此外，也要記得留意自己資產停泊的金融公司本身的營運狀況，不要只顧著看金融商品的起伏波動。

對於自己的資產配置，我的看法是，當資金來到 30 萬元新台幣時，可以開始慢慢建構。達到 100 萬元新台幣時，資產配置模型大致上已經打造好。

若資金已經累積到 1000 萬元新台幣以上，則是要嚴守資產配置的投資紀律，也就是根據自己選擇的投資標的與資金比例，建立出一個穩健的年化報酬率，讓自己能夠以成本最小的方式達成預設的投資績效。

資產配置的內涵不只是分散投資、將錢分開投入不同種類的金融商品，還要決定各自的投資比例（切莫單一金融商品比例極高），這沒有標準答案，取決於每個人的目標、風險承受度與人生階段。

記住，投資首要目標是以減少虧損與避免財產受到通膨

侵蝕而貶值，為主要資產配置之道。

　　資產配置的組成越多元、分散且彼此間關係越弱，績效越穩定。

　　完成資產配置後，仍要定期檢視。每當資產配置失衡時，就調節投資標的的資本配置，確實做好再平衡。

如何進行資產配置？

1. 設定報酬目標

　　必須是合理且能夠做到的數字。

　　例如，一開始設定年化報酬率 5% 為目標，再慢慢往上調整，或是以當地股市的長期平均年報酬率，或被動式基金的平均年報酬率為目標也可以。

　　不要喊出一個不可能達到，或者預估的達成率太低的超高數據，像是每年都要達成資產翻倍。

2. 設定離場目標——何時脫手？

　　首先，設定停利、停損點，跌破或漲破多少，就要進行再平衡？

　　一般來說，10%～20% 都可以，端視風險耐受度而定。

其次，投資獲利，終究是要拿來使用。

因此，從一開始就要想清楚，這筆投資的目的為何？所需的資金數目為何？達成投資標的後，要不要獲利了結，讓部分資金退出金融市場，完成目標？

3.設定資產配置

資產配置沒有標準答案，端視每一個人的風險耐受度、投資目的，以及當下的年齡、主動收入水準，和家庭基本開支需求等狀況而定。

不過，一般來說，年輕時的資產配置，能創造高額利潤的股票比例會比較高；退休後的資產配置，則是穩健保本的投資標的占比較高。而風險耐受性高的投資人，股票占比也會較高。

進行資產配置時，跨產業（不同產業類別）、跨資產類別（股票、債券、商品、加密貨幣……），甚至跨國家（台股與國際股市），還有跨時間週期（短期、中期、長期），都可以納入考慮。

好比說，股票的部分，可以再區分為台灣、美國、新興市場。並不是只持有一、兩檔股票，而是透過多元持股，分散風險。

　　另外，挑選資產配置裡的投資標的時，還要考慮波動性（價值漲跌）、流動性（變現難易度）、價值減損（資本的損失）等變項。

　　變現週期長或不容易變現的投資標的，資金占比最好不要太高。舉例來說，如果你的資產配置中，不動產的資金占比高，那就是流動性較差，因為從處分房地產到拿到資金，需要一段時間。因此，有些人的資產配置會排除房地產不計，避免被房地產價格估值干擾資產再平衡的判斷。

　　資產配置就像一支球隊，成員各有擅長、彼此互補。

　　資產配置可以區分成安全穩健(收益較低但不容易大虧)跟高風險、高收益兩大區塊，再分別分配比重與選擇投資標的。

　　總之，一定要廣泛的分散投資、分散投資、分散投資！

　　由於本書設定的投資目標放在退休生活準備金，我建議採用穩健型的資產配置。不妨根據現金或現金等價物、股票、ETF（或被動式基金）、公司債、國債、定存單、房地產、未來可預期的國民年金／勞保年金或退休金、人壽保險、黃金、外幣等項目，進行資產配置，設定各自項目的資金占比。

現金等價物
指的是可以快速變現的資產。例如定存、國庫券、商業票據、有價證券、貨幣市場基金、短期政府債券和銀行承兌匯票。

例如（投資帳戶中的錢，70% 用來投資金融商品，並依以下各資產配置類型所表列， 分配各投資標的占比 ； 另外 30% 則是作為調節資產配置用的現金）：

【資產配置 1 （穩健型）：年化報酬率 7%、停利點 10%、停損點 −10%】

黃金 5%	國債 10%	公司債 5%
人壽保險 10%	股票 30%	被動式基金 15%
外幣 5%	定存 5%	ETF 15%
債務：房地產；緊急預備金（六到十二個月生活費）；活存現金（生活支出）		

其中，請以股票、ETF 及被動式基金為主要投資標的，合計的資金比重不得少於五成，最好可以設定在六到七成。而其他項目，也不一定每一項都要馬上具備，依個人情況逐步到位即可（也可先以其他投資標的替代）。

【資產配置 2 （穩健型）：年化報酬率 5%、停利點 10%、停損點 −10%】

黃金 0%	國債 0%	公司債 10%
人壽保險 10%	股票 40%	被動式基金 15%
外幣 0%	定存 0%	ETF 25%
債務：房地產；緊急預備金（六到十二個月生活費）；活存現金（生活支出）		

　　這個資產配置的操作大原則是，經濟週期在向上成長階段，股票、ETF、公司債的資金占比可以抓高一些；向下修正階段，則是國債、ETF、黃金、定存單的資金占比可以高一些。具體比例，請根據自己的狀況進行設定。

　　附帶一提，若是碰上長期通貨緊縮（像日本的狀況），資產配置中不妨增加現金或現金等價物、外幣定存。通貨緊縮的意思是，同樣一塊錢，未來會比今天更值錢（通貨膨脹則是剛好相反，錢在未來會越來越不值錢）。

【資產配置 3（通貨緊縮社會的穩健型）：年化報酬率 5%、停利點 10%、停損點 −10%】

黃金 10%	國債 10%	公司債 0%
人壽保險 10%	股票 30%	被動式基金 15%
外幣 10%	定存 0%	ETF 15%
債務：房地產；緊急預備金（六到十二個月生活費）；活存現金（生活支出）		

　　上述三種資產配置，是傳統的投資理財作品會教大家的組合，雖然也很不錯，但接下來我想要推薦我自己在用的版本給大家參考。

【資產配置 4（我的多元資產）：年化報酬率 8%～12%、不停利、不停損】

數位美元（穩定幣） 25%	風險型加密貨幣 5%	全球股債配置 ETF 70%
保險的資金另計		
債務：房地產；緊急預備金（六到十二個月生活費）；活存現金（生活支出）		

上述是我自己在用的資產配置。約略來說，就是將金融商品分成傳統金融與數位金融兩大類。以上述資產配置來說，股票、債券、ETF、REITs 屬於傳統金融，這部分我會配置 70% 的資金。

傳統金融布局部分，我想稍微介紹一下 AOA 這檔股債平衡型 ETF。AOA 的全名是 iShares Core Aggressive Allocation ETF，顧名思義，是股票跟債券都有的資產配置，股債比約八比二，是我認為配置很不錯的一檔 ETF。

AOA 的優點是，持有的股票／債券數量超過一萬，徹底

數位美元
始終提供與美元 1:1 穩定價格的加密貨幣。

穩定幣
是一種與法幣（如美元）或黃金等「穩定」儲備資產掛勾的加密貨幣。

股債平衡
股債平衡是一種資產策略配置。意思是把資產拆分兩部分，一部分買股票，一部分買債券。其中，股票代表風險高，如果喜歡高報酬，可以多股票少債券，如股債比 80%：20%；如果你不喜歡風險，偏好穩定，可以少股票多債券，譬如股債比 40%：60%。

做到了分散風險。

股債平衡型 ETF 除了 AOA，還有 AOR、AOM、AOK，各自之間的差別在於股債配比不同，但主旨都是徹底分散風險，持有與買賣的成本也幾乎都一樣。

緊急預備金與生活支出，就放在活存或定存中。

保險則因人而異，看每個人對於保險的需求跟能力，規劃要投入多少資金投保。

至於加密貨幣與放款，則屬於數位金融，我會配置 30% 的資金。

放款 (P2P, Peer to Peer)，又稱市場平台借貸，是透過網路平台，串聯手上有資金的人成為放款人，再將放款人提供的資金，放貸給借款人的一種小額借貸模式。過去台灣民間社會通行的標會，其實就是一種 P2P。

P2P 對於借款人的借款條件審核較為寬鬆，比較容易核准，借款利息也比較低；對放款人的好處則是能夠賺到高於定存利率的利息。

而 P2P 的風險是，可能被借款人倒債，媒合平台也可能倒閉。

對於一般投資人來說，透過網路平台將錢借給陌生人，

心理上可能比較難接受，因此投入這項金融商品的心理帳戶門檻較高、相對有難度。我自己在這一塊的資產配置比重也不高（約5%）。一般投資人如果不放心，可以略過不計，將這筆資金分配到其他金融工具即可，影響不會太大。

REITs (Real Estate Investment Trust)，不動產投資信託，是讓投資人用小錢就可以投資房地產的金融工具，是一種證券化商品，類似共同基金。

好比說，投資辦公大樓、商場、飯店、基礎建設、倉儲、資料中心、醫院、養老院、停車場、林地等各類不動產後，出租所創造的租金、管理費等收入，以證券化商品的方式，切割成股份，開放給市場投資人認購，並將利潤分配給購買證券商品的投資人。

台灣規定REITs每年都必須針對股東進行配息，算是一種有穩定現金股利收入的金融商品（美國甚至規定高達90%的收益都要分配給股東）。

REITs的優點是，不用高額本金就能投資不動產，而且每年都會配息，交易成本及手續費低，流動性高，轉手容易。

台灣的REITs則是依據不動產證券化條例規定，免徵證券交易稅、投資收益採取6%分離課稅，不納入綜合所得稅

總額或營利事業所得額。

關於加密貨幣，我自己區分成兩大塊，一種是風險極低、靠利息收入的美元穩定幣 (USDT/USDC)；另外一塊則是大家比較熟知的高風險的投資型加密貨幣，像是比特幣或以太幣。

我將 25% 的資金放在加密貨幣，不過，其中 24% 放在美元穩定幣，只放 1% 在風險型的加密貨幣。高風險的投資型加密貨幣，基本上我也只買龍頭，其他的不碰。

依靠演算法或權益證明產生的虛擬貨幣的波動性大，且缺乏價值儲存功能，市場上有人憂心，它會因為無法取代中心化貨幣（如各國的法定貨幣），而容易被視為投機性資產。

穩定幣 (Stablecion) 是加密貨幣的一種，是為了解決上述問題而誕生的虛擬貨幣。核心想法在於，打造一種底層分散式帳本，但維持貨幣穩定價值的機制。穩定幣直接與被抵押

權益證明
又稱為持有量證明，是加密貨幣共識機制的一種。

中心化貨幣
各國的法定貨幣，例如美國的美元或台灣的新台幣。

分散式帳本
是指世界各地的複數電腦都記錄一份完整的交易紀錄，而非集中儲存在特定機構的電腦中。這些電腦主要負責儲存及驗證帳本上的資訊，以維持整個帳本的運作。這麼做的優勢在於帳本中資料的所有權並不為任何機構所有，能達成用戶對用戶的交易，交易過程完全公開透明。

資產連動，類似金本位制，黃金與法定貨幣連動，穩定幣則是跟法幣連動，例如，最早發行的穩定幣 USDT 與 USDC，與美元掛勾，某種程度可以想像成數位美元。

關於加密貨幣，目前看來，最大的投資風險其實不是加密貨幣本身（穩定幣的年化投資報酬率不差，大約是 8%～12%），而是處理加密貨幣交易的交易所有可能倒閉。若倒閉前拿不回資金，就可能血本無歸。

我自己在加密貨幣買賣上的風險管理方法，是將所持有的加密貨幣買賣，打散到八家以上的中心化與去中心化交易所做理財。某種程度上來說，加密貨幣的交易所就像證券公司。在台灣的我們可能很難想像，但在國際的話，證券公司倒閉是時有所聞的事情，而且實際上也的確有證券公司倒閉。那麼，加密貨幣的交易所也一樣有倒閉的風險。不過只要將加密貨幣交易所倒閉的風險有效分散，它還是值得買入持有的金融商品。

數位金融科技 (FinTech) 的發達，對投資人來說，有下列幾個好處：

首先，跨境交易變得容易許多。在台灣要買賣美國的金融商品，不再是困難的事情。

其次，大幅降低了購買門檻。好比說，加密貨幣、美股（碎股）跟 ETF 等金融商品，每個商品最低投資門檻都降到 10 美元，加總起來只需要 3000 元新台幣，就可以組合出一個多元資產的完整投資組合。

至於投資標的，買了之後就放著，不用急著賣，要懂得利用時間換報酬率。

資產配置失衡時怎麼辦？──再平衡，隨時維持資產配置的平衡

假設你設定的資產配置是：50% 股票、30% ETF、10% 的現金或現金等價物（如黃金、外幣）、10% 的定存。若因股票價格下跌，資金占比下滑到僅剩 40%，資產配置失衡，那就要處分其他資產，加碼股票的部分，使資產配置可以回到原本的配置。

或許你會感到疑惑，股價正在下跌，我的資金水位與整體資產正在下降，怎麼會讓我賣掉其他沒有下修的投資標的來回補股票的下修缺口呢？

這就是資產配置操作的奧義。當股票資產價格下跌時，

正確的反應不是恐慌性的殺出（這會造成投資組合進一步失衡），而是回補買入股票，讓資產配置回到原本設定的權重。

如果希望能長期投資，就要持守紀律，大膽買進更多股票，補足缺口。

例如，假設你的資產配置在 2020 年 3 月因為台股短暫的下修，導致股票的資金在資產配置中占比下修時，是要賣掉股票，還是回補到足以再平衡呢？

如果賣掉，不久之後的反彈，就無法第一時間掌握。而如果敢於回補、做好再平衡，反彈後的上漲，則有機會創造一波獲利（當然，獲利後也要部分出脫，將過高的股票資金比重向下調節，繼續維持平衡）。

之前的章節有提到，永遠都要留三成現金在手上，而我們手上所擁有的資產配置，只占總資金的 70%。為的就是在資產配置失衡時，可以有足夠的現金進行再平衡。之後再慢慢調節資產配置中的投資標的，避免暫時性的波動造成資產配置失衡，繼而引發情緒波動，干擾了判斷。

投資標的因波動而市值向下修正時，進行再平衡或許不難，且有急迫性。然而，如果是投資標的的上漲造成的失衡（例如股票價格上漲，股票的投資組合占比過高），這時候也要進

行再平衡嗎？

　　是的，要確實做到再平衡。不妨處分一些持股，將資金歸到其他投資標的，或是退到現金池。根據均值回歸原則，漲多必然回跌，若不希望回跌後的股價損及獲利，就要在獲利時出脫部分持股，做好再平衡、重新配置資金。

　　能否堅守再平衡的紀律，是資產配置能否長期穩健獲利的關鍵！

　　雖然再平衡策略並非總是能夠創造超額報酬，卻能降低風險，確保你資產池裡的資產配置穩健成長，也符合你的投資屬性與風險耐受度。

 地緣政治風險對投資的影響以及應對之道

　　2022 年底巴菲特買入台積電時，不少人驚嘆，巴菲特也懂護國神山的好了嗎？

　　沒想到持有不到一年時間，（2023 年春天）巴菲特領導的波克夏公司就出脫了台積電。

　　後來有人問巴菲特，為什麼波克夏會處分台積電？他誇讚台積電是家好公司，只是有地緣政治風險，所以他們

的資金可以有其他更好的選擇。

巴菲特揭開了不少台灣人其實都知道，但是在對金融商品的買賣與持有進行風險評估時，經常忽略的一點：地緣政治風險。

更直白地來說，就是台海危機，也就是中國究竟會不會攻打台灣？若是中國真的出手攻打台灣，對台灣的經濟會造成什麼樣的影響？我們持有的股票價格會否下跌？貸款購入的房產價值會否下跌？持有的現金會否貶值？

為什麼我會說，大部分台灣人在投資或規劃資產配置時，都忽略了地緣政治風險？

好比說，即便新聞每天報導共機擾台、中國海軍又在台灣外海演習、不排除武力統一台灣，房地產價格至今仍居高不下。又例如大部分人都在房價相對高點進場，背負三十年貸款，且房貸在總支出中占比高。

除非台灣人普遍不相信中國可能會打過來，否則，就分散風險、資產配置的角度來說，應該不會將超過一半的資金，放在明顯價格已經偏高、未來可能會因為地緣政治風險而崩跌的自用住宅房地產上才對。

2022 年烏俄戰爭開打後，交戰區出現了很多城市被轟

炸、房屋毀損的畫面。國土面積達六十萬平方公里的烏克蘭尚且如此，若砲襲發生在台灣，都會區的房屋很難不受到重創。

當然，我們也可以樂觀地認為台灣人都很愛國、不怕戰，所以即便面臨可能發生的風險，還是義無反顧地背負三十年貸款，以購入價格已經偏高的自用住宅！

身為一個嚴謹的投資人，必須將個人主觀情感放到一邊，客觀審慎的評估各種風險才行！

不管我們的主觀想法為何，都應該試著建立一個假設，若是中國真的武力犯台，即便不是直接轟炸本島，而是用海軍封鎖周遭海域，使我們的航運進出困難，造成民生物資擠兌、市場經濟波動的情況下，我們的資產配置是否能夠抗跌？

俗話說的好，不怕一萬，只怕萬一。若是台海危機爆發，即便沒有大規模人命傷亡或房屋毀損，經濟仍舊難免會受創。此時，我們所持有的保險、現金、股票、債券、房地產、基金、ETF 等金融資產，是否能夠承受地緣政治波動的衝擊？我們的資產配置裡，有無抗衝擊的配置？

假設我們的資產配置裡配置了像是美股、AOA、外

幣、虛擬貨幣之類的金融商品，會否有助我們再平衡因地
緣政治衝擊而產生的波動？以我個人的資產配置來說，就
有將地緣政治風險納入規劃。

所以，也請你務必認真思考，當你使用本書所介紹的
常見金融商品進行資產配置時，除了抗通膨、抗市場波動
外，是否也能抗地緣政治衝擊？

第十三章

打造投資之外的被動收入系統

　　撰寫這本書最重要的原因，是希望大家都能準備充足的退休生活準備金，並不是只想要介紹投資觀念與操作方法。只不過投資理財恰好是目前大部分人都認可，且的確能夠有效累積資產的方法。但這並不表示，想累積資產只能靠投資。

　　因此，在進入最後的結論之前，我想再花一章介紹金融商品以外，也能夠創造被動收入的方法。

　　說到底，人們需要為老後生活準備資金，就是因為我們的社會設定了退休年齡。年齡到了之後，大部分人就會結束職場上的工作，進入退休階段。

　　然而，退休其實是晚近才被德國的鐵血宰相畢斯麥提出的概念，也才會有退休後仰賴退休金過活這個觀念。因為那個時代的人，平均餘命僅 60 餘歲，50 幾歲退休後，通常過不到十年就離開人世，工作一輩子所得的儲蓄加上政府的年金補貼，就足以安享晚年。

　　今時早已不同往日，目前台灣的平均餘命已經來到 81 歲，如果 65 歲退休，還有十六年的時間，得靠過往工作累積的積蓄，加上政府的年金、勞退年金養活自己，可能勉強還夠。

　　然而，未來人類的平均餘命可能達到 100 歲，也就是說，

65 歲退休後，還有三十五年的壽命。要靠工作收入的積蓄生活三十五年，難度非常高。

這就是近年來投資理財會變成顯學的原因之一。大家都發現了，工作所賺的錢不足以應付退休生活，得想辦法開源。

羅伯特‧清崎（《富爸爸，窮爸爸》作者）大概是第一個清楚指出，打造能夠穩定創造現金流卻不用再工作的被動收入系統，對於不能再工作的老後生活的重要性的投資達人。

早期，被動收入的來源除了金融投資之外，還有版稅、專利、房地產租金等。花一點時間，將自己的專長轉化成文字出書或申請專利，就可能創造收益（如，版稅或權利金）。

網路社會發達之後，數位平台崛起，便多了不少也能作為被動收入來源的工具，像是廣告收入（有部落客或YouTuber，利用定期發表文章或影片，擁有穩定流量者，就能透過谷歌廣告創造收益）、聯盟行銷（藉由在自己的部落格或社群平台，幫業者推廣、販售其產品，以獲得分潤）、線上課程（製作自己專長的課程並販售）、電子書（透過電子書商城販售自己寫的書）等，都是累積被動收入的好方法。

進入網路社會後，你我留下的足跡，其實都有辦法變現。

舉個例子，前幾年有個北一女畢業考上台大醫科的學生，

將自己高中三年的讀書筆記數位化後，在網路上販售。數年下來，已經賺了幾百萬元。而他未來可能還是可以繼續透過網路販賣數位筆記並獲利，但卻不需要做太多事情。

我們生活在一個非常棒的時代，除了靠投資創造現金流外，還可以透過網路販售自己的專長，更棒的是，可以將專長用數位形式記錄下來當作線上課程來銷售，某種程度上來說，就是每一個人都可以拿自己的專長做一門小生意。

仔細想想，我們購買的金融商品中，便有不少跟商業買賣有關。好比說，股票之所以能幫我們賺錢，是因為有人先開了會賺錢的公司，而我們只是透過購買股票的方式，參與分享公司獲利的果實。

假設我們自己就能開會賺錢的公司，不就能自己創造現金流了嗎？

或許我們自己開的公司，規模和營收或利潤不如上市上櫃企業，但是，小生意若能找到合適的利基市場，也是一筆穩定的金流。當然還是要注意創業的風險。

特別是如今越來越多人在提倡「退而不休」的生活型態：即便從職場的全職工作退休，也不要完全停止工作，可以轉任顧問或兼職，維持基本的勞動力，除了賺一點錢，更是維

持活動量,不讓退休後的不勞動生活,壓垮了身體健康。

要活就要動,不活動的話,身體肌肉萎縮的快,既然都要動,不如找一些能夠創造金流的事情做,還可以避免自己和社會時代脫節,一舉數得,何樂而不為呢?

本章僅簡單介紹常見的透過數位平台賺取收入的方法,有心想投入這方面的朋友,請再找專門的書籍來讀,或參加相關課程。

第十四章

結 論

為什麼要替退休生活提早做準備？

不可逆的高齡化趨勢，造就了養老危機，長壽成了人類最新的風險。大多數人心裡多半有種焦慮：錢花完了，人還死不了，怎麼辦？

除此之外，通貨膨脹問題似乎日漸惡化，錢變得越來越薄！還有，養兒也已經不再能防老，子女別成了啃老族就已經萬幸！

既然別人都不能指望，只好靠自己。

為了老年生活準備而理財的第一步，是看清楚造成自己焦慮不安的根源：到底我要準備多少錢才夠？

這個答案，最難預估的地方在於：我們不知道自己會活多久。

其次是我們不知道自己能夠工作到幾歲？人生會不會碰上一些難以抵擋的不幸事故，造成我們被迫中途離開職場、無法再工作，失去了收入來源？

目前國人平均餘命落在 81 歲，女性又比男性高，達 84 歲，男性則是 78 歲。

個人的壽命真的很難預估，家族病史、個人對健康的重視，或意外事故，都可能影響壽命。不過，大體上來說，只

要重視運動與飲食、沒有特殊體質或罕見疾病、沒有罹患認知症（過去稱失智症），也沒有遭遇意外事故，現代人到 70 歲時，大體上都還是有精力可以工作。

我個人的建議是，若想要減少老後生活的焦慮不安，特別是不知道需要準備多少錢養老，最好的做法是，放棄退休的觀念，從年輕時就維持身體健康，然後挑一份不需要退休，而且是越老越值錢的工作，讓自己可以活到老做到老。

其次是發展自己的社交網絡，多交朋友。日本東京大學社會學系退休教授上野千鶴子在其著作《一個人的老後》系列中，就提到許多非財務方面的規劃，像是找一群志同道合的朋友一起住、學會自己做家事等等，非常值得參考。

第三才是金錢方面的準備（也就是本書的重點）。

一個人若是因為從年輕就開始糟蹋自己的身體，導致老了之後需要一直看醫生、需要長期照護，甚至需要昂貴的治療，那麼，恐怕準備再多錢都不夠用。就算夠用，人生也只剩下治病。生活品質大打折扣的老年生活，真的能讓人感到開心嗎？

金錢可以讓我們到市場上購買我們需要，但自己辦不到的勞動力。因此，如果有家人或朋友可以代勞，就不一定要

花錢請人幫忙。

也就是說，退休生活準備金該準備多少，其實和健康狀態、工作能力與人際關係三個面向息息相關。金錢以外的面向準備的越充足，自己需要準備的金錢就越少。

而另一件讓國人普遍感到焦慮的事情就是老後居住問題（但我覺得往後社會趨勢將會大幅改變，因而無須太過焦慮）。

許多台灣人拚了命都要買下自己的房子的原因之一，是因為他們認為台灣的租屋市場對老年人不友善，怕老了之後租不到房子。

台灣過去的人口結構是高齡人口少、中壯年乃至兒童人口多，那個時代的社會，房東自然更願意把房子租給收入逐漸穩定的青壯年。而根據國發會的資料，2039 年後的台灣，三個國民裡就有一個 65 歲以上的高齡長者，再加上少子化情形日益嚴重，房東只想將房子租給青壯年人的想法，會一點一滴地隨著時代改變。

比起擔心租不到房子，我倒是認為，改善老後居家生活環境反而更重要。

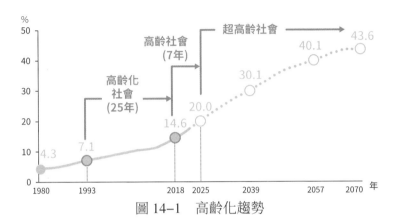

圖 14-1　高齡化趨勢

　　不少國人的房子，實在不宜退休生活使用。通用設計與照明不足、動線設計不良，甚至沒有緊急救護系統，都是亟待改造的部分。

　　至於理財方面，計算自己要準備多少退休生活準備金之前，需要先推估自己可能活到多少歲。目前的國人平均餘命是 81 歲，而二十五年前台灣的平均餘命是 75 歲。也就是我們可以假設，每二十五年平均餘命將增加六歲（但我想，最多加到 100 歲就好）。如果以我為例來推估，我大概可以活到 87～90 歲。

　　如果我決定 70 歲退休，那麼，我需要準備十七到二十年份的生活費，為方便計算，以下就以二十年（二百四十個月）為例。

假設我和我太太兩個人每個月的個人支出各需要 5 萬元，那麼月家戶支出就是 10 萬元，乘以二百四十個月，就是 2400 萬元。

10 萬元其實是高估，而且已經加入了通貨膨脹造成的影響。青壯年時期的許多支出，都不是花在自己身上，人情往來、請客送禮、紅白包也不少。

如果仔細計算，把現在的支出明細中關於工作、教育子女或奉養父母的部分剔除，真正花在自己身上的錢，其實不多。之前的章節我們也提到過，僅只有兩到五成的支出是真正花在自己身上。

每個月 10 萬元的支出裡，還要再扣掉政府的年金給付或月退俸（若有）。假設我跟我太太兩個人退休後每個月各自都能領到 2 萬元的勞退年金，那麼，真正需要由我們自己支出的部分，只剩下 6 萬元。

6 萬元 × 二百四十個月 = 1440 萬元。

需要自己準備的退休生活準備金，是不是頓時少了很多？

如果您選擇不退休，或者子女有能力給孝親費，甚至有房子，每個月可以收租，那麼，這些收入也可以加進來，從要自己準備的退休生活準備金中扣除。最後算出來的數字，

就是得靠投資理財規劃自行準備的退休生活準備金金額。

若是不談資產傳承、不談其餘享樂,單純老後生活支出所需準備的金錢數字,其實沒有想像中的大,一對夫妻最多準備 1000 萬元新台幣應該就夠了。畢竟這筆錢也不是到了退休年紀之後,就完全不會再幫我們賺錢。實際上,長期放在金融市場的資金,釋放的越久,利滾利的越快。

還記得前面我們提到過巴菲特的資產 , 99% 都是他 55 歲以後才累積的嗎?一個人做好該做的投資布局後,在沒有其他意外的情況下,總資產其實是會隨著年紀一起成長的。

也許現在的你,覺得收入應付日常開銷都已經捉襟見肘,很難想像未來,但沒有關係,因為人的儲蓄與累積資產能力,跟人生週期有很大的關係。

人的一生,有三個階段最容易存錢:

第一個階段是單身到新婚尚未有小孩之前,努力工作賺錢,卻還不需要支付房貸、子女教育經費,或奉養父母。所得減掉支出後的餘額都可以存下來。

不過,有些人會把這個階段存下來的錢,拿來當作買房頭期款或是舉行盛大的結婚典禮與蜜月旅行。買房算是還不錯的投資,但是,結婚典禮要隆重溫馨,不一定要花大錢;

蜜月也是。

第二個階段則是小孩公幼到低年級，還沒真正進入升學競爭，孩子們還不太需要花大錢照顧的時候，小學高年級之後，學才藝、補習的費用和大學教育基金，也是一筆不小的支出，會讓退休生活準備金的計畫暫時擱置好一陣子。

第三個階段則是孩子長大獨立後到自己退休前，約莫是55 歲以後的十到十五年間。

實際上，不少人的資產大幅成長，也是落在這個階段。

30 到 40 歲時，覺得自己手頭很緊，是很正常的事情。繳房貸、養小孩、社交應酬支出，還要奉養父母，樣樣都需要錢。在這個階段，存不了太多錢也是在所難免的事情。不過，那更顯示出將結婚之前存下來的錢確實做好投資規劃的重要性。

也就是說，30 歲以前，養成記帳與節約的好習慣、購買保險、存生存準備金、積極累積第一桶金，不讓本金隨便揮霍掉，同時學習投資理財知識，是最重要的頭等大事。

定存或定期定額扣款購買基金，是不錯的開始。

30 到 40 歲的階段，則是開始進入金融市場、累積資產的階段，存到第一桶金之後，可以選擇發展前景良好的績優

股或 ETF、被動式基金作為主要投資標的。

　　40 到 50 歲的階段，可能比較難從主動收入中存下錢，資產累積得靠過去已經投入金融市場的資產幫忙。到了這個階段，投資有了一些資歷，也經歷過牛、熊市洗禮，應該比較能夠辨別市場變化。如果能力允許，可以撥一部分資金放在風險較高但是收益也不錯的投資標的上。

　　50 到 65 歲的階段，將是財務累積最快速的一段，不過也是最承受不起投資失利虧損的階段。因此，建議挑選穩健累積資產的被動式基金或 ETF 作為主要投資標的，建立資產組合配置，以資產不貶值、不縮水為主要考量。

　　而 65 歲以後，開始會動用個人投資來支應退休生活，請做好每年變現額度的規劃，不要讓自己被迫賣在熊市或資產下跌的時期。

　　為此，我們曾在第六章做了資產防火牆的規畫建議。資產防火牆是以累積資產作為建構主軸，接下來要談的則是，如何高效率的從資產池提領生活資金，卻不會被迫賣在低點。

　　首先，很重要的一點是，老後生活資金不是在需要時才變賣投資標的。老後生活資金是來自資產池裡預留的 30% 現金。而提領資金的計畫，得分成數年來進行。

　　舉個簡單的例子：今年的生活支出，去年底就從資產池
裡提領出來，存在生活支出帳戶。

　　以本章開頭的舉例來說，我每個月需要提領的 6 萬元（每
年 72 萬元），是提領自資產池裡的現金，而不是以變賣金融
資產的方式來籌集。

　　提領出 72 萬元後，資產池裡出現的缺口，我將在接下來
等待金融市場相對暢旺的時期，對資產配置進行再調節，出
脫部分資產（同時記得要兼顧資產組合的再平衡），存到資產
池的現金部位。

　　如果資產池裡的現金水位，足夠我提領三年份的老後生
活資金，那麼，我的資產變現規劃，就只要在三年內的相對
高點完成即可。

　　最後，別忘了在金融資產以外，還存有六到十二個月應
急用的生存準備金。這筆錢能讓老後生活碰到意外的巨額支
出時，也不需要被迫直接變賣金融資產。

　　也就是說，退休之後，資產防火牆的操作方式正好跟過
去建構時相反，透過延緩變賣金融資產，等待比較好的變賣
時機，就能夠避開退休後需要生活資金，卻碰上股市崩盤或
金融危機，讓投資的帳面價值暫時大幅縮水，又被迫得出脫

持股的情況。

遺囑與資產傳承

如果有一天你發現自己的投資績效居然還不錯，不但老後生活資金基本上不用擔心，還餘下不少。那麼，請務必及早開始布局資產傳承的事情。

首先，趁著自己心智神智都還清楚，預立遺囑很重要。找個律師，跟自己的會計師或投資顧問一起討論該如何分配手上的資產。其次，每年花點時間思考是否需要修訂？若覺得有必要就改一改。

第三，遺產金額是否大到需要繳交遺產稅？如果需要，有無需要在生前就逐步移轉部分資產給子孫？或是成立基金會、信託基金來管理資產？

如果金額真的很龐大，除了書面遺囑之外，也建議預錄影片，找律師或第三方公證人見證，由你親口述說遺囑內容，佐以書面遺囑，以彰公信（但不能沒有書面遺囑而只有影片）。

還有一點很重要，千萬不要在生前就將全部資產轉移給

子女或其他親人。不管對方跟你說了多少好聽的話，都請務必婉拒，讓律師跟遺囑來協助你完成最後的資產轉移，直到生命最後一刻，請都務必握有資產分配自主權，不讓其他人介入。

投資是一場漫長的人生馬拉松，慢慢來、比較快

說真的，不管是希望絕對財務自由，還是準備老後生活資金，資產累積都是一場漫長的人生馬拉松，千萬急不得，得慢慢來、按部就班地推進。

致富必然是緩慢推進的，在這場投資馬拉松的過程中，會碰上順風，也會碰上逆風。可以趁順風時多累積一些，逆風時則鼓勵自己撐過。

股票市場不會天天漲停，投資也不可能天天獲利，如果有人跟你說他能辦得到，而且願意教你，只要你把資金挪到他那邊，請務必敬而遠之。

最後，盼望我們都能至少達成低標，那就是老後生活無虞，好一點的話，能夠財務自由，並有餘裕能傳承給子孫，或跟世界上需要的人分享。

參考資料

湯瑪斯‧史丹利、威廉‧柯丹／原來有錢人都這麼做／久石文化

羅伯特‧清崎／富爸爸，窮爸爸／高寶

大衛‧巴哈／讓錢為你工作的自動理財法／高寶

托尼‧羅賓斯／錢：七部創造終身收入／中信出版社

吉兒‧施萊辛格／理財盲點／新樂園

羅傑‧馬、珍‧羅伯茲‧馬／財務自由實踐版／新樂園

喬納森‧克雷蒙／慢慢致富／樂金文化

喬納森‧克雷蒙／當代財經大師的理財通識課／樂金文化

伊恩‧艾爾斯、貝利‧奈勒波夫／諾貝爾經濟學獎得主的獲利公式／樂金文化

葛蘭‧薩巴蒂爾／財務自由，提早過你想過的生活／遠流

史考特‧瑞肯斯／賺錢，更賺自由的 FIRE 理財族／采實文化

佛瑞德‧列克維斯特／精算師給你做得到的安心退休指南／Smart 智富

丹妮爾‧湯恩、菲爾‧湯恩／投資心智／聯經

菲爾‧湯恩／讓散戶賺起來／樂金文化

遠藤洋／挑出穩賺股的 100% 的獲利公式／幸福文化

陸蓉／為何賣掉就漲，買了就跌／三采

富田和成／個人化財務報表，最強理財術／方言文化

湯姆‧柯利、麥可‧雅德尼／習慣致富／遠流

湯姆‧柯利／習慣致富人生實踐版／遠流

橘玲／如何停止焦慮愛上投資／經濟新潮社

喬納森‧克雷蒙／金錢超思考／遠流

艾麗克斯‧霍爾德／談錢／大是文化

道格拉斯‧麥考米克／做自己的人生財務長／核果文化

安德魯‧托比亞斯／你唯一需要的投資指南／久石文化

W‧佛萊德‧范‧拉伊／金融行為通識課／日出出版

MJ‧狄馬哥／快速致富／久石文化

提摩西‧費里斯／一週工作四小時／平安文化

南丁格爾—科南特集團／實踐財務自由的被動收入計畫／采實文化

李笑來／通往財富自由之路／漫遊者文化

奈森‧拉卡／新富人的捷徑／大是文化

塚口直史／大避險／大是文化

藍迪‧蓋奇／風險致富／木馬文化

哈利‧鄧特二世、安德魯‧潘秋里／全球經濟的關鍵動向／商周出版

拉斐爾‧巴齊亞／有錢人與你的差距，不只是錢／商業周刊

高井浩章／金錢教室談的可不只是錢／三悅文化

詹姆士‧阿特切／二十一世紀創造財富靠自己／好的文化

柏寶‧薛佛／35 歲開始不再為錢工作／高寶

霍華‧馬克斯／投資最重要的事／商業周刊

柏頓‧墨基爾／漫步華爾街的 10 條投資金律／樂金文化

墨基爾／漫步華爾街／天下文化

查理‧蒙格／窮查理的普通常識／商業周刊

華倫‧巴菲特、勞倫斯‧康漢寧／巴菲特寫給股東的信／時報出版

艾莉絲‧施洛德／雪球：巴菲特傳／天下文化

琳恩‧崔斯特／金錢的靈魂／自由之丘

克絲頓‧費雪／從賺外快到當老闆／大樂文化

藤村靖之／至少月入三萬元的小眾經濟／如果出版社

提姆‧克拉克、亞歷山大‧奧斯瓦爾德、伊夫‧比紐赫／一個人的獲利模式／早安財經

小弗雷德‧史維德／客戶的遊艇在哪裡？／寰宇

MEMO

MEMO

目的思維：
用最小努力，獲得最大成果的方法

目的，是策略思考的準則
也是解決問題的起點
前日本臉書代表董事 長谷川晉：
「當我只是一個公司員工，到後來接任 CEO、創業
時，我首先思考的都是目的。」

本書作者任職於「日本德勤諮詢」(DTC)，DTC 是
全球四大會計師事務所「德勤」集團 (Deloitte) 的
子公司。
作者連續多年榮獲最高評鑑獎，一路破格晉升；除
了負責策略布局，還肩負邏輯思維培訓、人才開發
等關鍵工作。

作者／望月安迪　　譯者／李瓔祺

開創新市場的熱賣商品企劃力

市場調查、創意發想、消費者分析、提案書撰寫……
具備這些企劃能力是基本，但要如何高人一等？

本書作者和田徹在日本麒麟啤酒公司服務 30 年，開
發了「冰結」、「淡麗」等史無前例的熱銷商品，
創下超過 9 兆日圓的銷售額，他也是開創全球無酒
精啤酒市場的第一人。
原本他在公司負責的酒類，再怎麼暢銷，頂多也只
能賣 10 萬瓶，但後來他卻企劃出銷售破 100 億瓶
的「冰結」、破 420 億瓶的「淡麗」，到底他的企
劃方法做了什麼改變？

作者／和田徹　　譯者／羅淑慧

國家圖書館出版品預行編目資料

我36歲就退休：靠被動收入達到財務自由／李紹鋒
著.－－初版一刷.－－臺北市：三民，2024
面；　公分.－－（職學堂）

ISBN 978-957-14-7755-8　（平裝）
1. 個人理財 2. 投資 3. 成功法

563　　　　　　　　　　　　　112022718

| 職學堂 |

我 36 歲就退休：靠被動收入達到財務自由

作　　者	李紹鋒
責任編輯	李岳嘉
美術編輯	林瑩沁
封面設計	唐志亞

創 辦 人	劉振強
發 行 人	劉仲傑
出 版 者	三民書局股份有限公司 (成立於 1953 年)

三民網路書店
https://www.sanmin.com.tw

地　　址	臺北市復興北路 386 號　　（復北門市）　(02)2500–6600
	臺北市重慶南路一段 61 號 (重南門市)　(02)2361–7511
出版日期	初版一刷 2024 年 2 月
書籍編號	S551590
I S B N	978-957-14-7755-8